La peste negra

Una guía fascinante de la pandemia más letal de la Europa medieval y de la historia de la humanidad

© Copyright 2021

Todos los derechos reservados. Ninguna parte de este libro puede ser reproducida de ninguna forma sin el permiso escrito del autor. Los revisores pueden citar breves pasajes en las reseñas.

    Descargo de responsabilidad: Ninguna parte de esta publicación puede ser reproducida o transmitida de ninguna forma o por ningún medio, mecánico o electrónico, incluyendo fotocopias o grabaciones, o por ningún sistema de almacenamiento y recuperación de información, o transmitida por correo electrónico sin permiso escrito del editor.

    Si bien se ha hecho todo lo posible por verificar la información proporcionada en esta publicación, ni el autor ni el editor asumen responsabilidad alguna por los errores, omisiones o interpretaciones contrarias al tema aquí tratado.

    Este libro es solo para fines de entretenimiento. Las opiniones expresadas son únicamente las del autor y no deben tomarse como instrucciones u órdenes de expertos. El lector es responsable de sus propias acciones.

    La adhesión a todas las leyes y regulaciones aplicables, incluyendo las leyes internacionales, federales, estatales y locales que rigen la concesión de licencias profesionales, las prácticas comerciales, la publicidad y todos los demás aspectos de la realización de negocios en los EE. UU., Canadá, Reino Unido o cualquier otra jurisdicción es responsabilidad exclusiva del comprador o del lector.

    Ni el autor ni el editor asumen responsabilidad alguna en nombre del comprador o lector de estos materiales. Cualquier desaire percibido de cualquier individuo u organización es puramente involuntario.

Índice

INTRODUCCIÓN 1
CAPÍTULO 1 - LAS PRIMERAS PANDEMIAS 4
    ¿QUÉ ES UNA PANDEMIA? 5
    LA PLAGA DE JUSTINIANO.. 5
    LA PESTE NEGRA 7
    LA TERCERA PANDEMIA 8
    PREOCUPACIONES DE HOY 9
CAPÍTULO 2 - LA PESTE NEGRA 10
    TIPOS 11
    PESTE BUBÓNICA 11
    PESTE SEPTICÉMICA 11
    PESTE NEUMÓNICA... 11
    SÍNTOMAS 12
    MEDIOS DE PROPAGACIÓN DE LA INFECCIÓN 14
    TODAVÍA ALREDEDOR 14
CAPÍTULO 3 - EL USO IMPROBABLE DE LA PESTE NEGRA 17
    UN TIPO DE FUENTE DIFERENTE 18
    APUNTANDO AL CULPABLE.. 18
    EL ASEDIO DE CAFFA 19
    LAS RAMIFICACIONES DEL USO HORRIBLE DE LA PESTE NEGRA EN LA GUERRA 21
CAPÍTULO 4 - RUMORES Y LA LLEGADA 23
    LA MUERTE EN LAS PRINCIPALES RUTAS COMERCIALES 24
    LA INFAME LLEGADA —MÁS QUE UN BARCO 27

La falta de contención del problema 29
Una falta de comprensión y preparación 31

CAPÍTULO 5 - PERCEPCIONES CONTRA LA REALIDAD 35
Creencias religiosas 36
Las primeras soluciones 38
El aumento de la flagelación para expiar 39
Chivos expiatorios de la plaga 40
Los médicos de la peste 43

CAPÍTULO 6 - EL ECUALIZADOR FINAL 45
Cómo los ricos y poderosos buscaron escapar de lo inevitable 46
La vergüenza de los derechos divinos 47
La muerte de una reina, una princesa y un rey 48
La belleza y el cerebro de Francia 49
Dos pájaros de un tiro - La dificultad de cumplir con el papel de Arzobispo de Canterbury 49

CAPÍTULO 7 - ROBANDO EL FUTURO - LA PRINCESA JUANA 53
El rey Eduardo III y un mundo en guerra 54
Preparándose para una celebración 57
Una cuestión de tiempo - la celebración se convierte en una tragedia 59

CAPÍTULO 8 - DECLIVE DE LA IGLESIA CATÓLICA Y EL ASCENSO DEL MISTICISMO 63
La vida antes de la peste negra 64
Prestigio perdido 66
El aumento de la incertidumbre y las creencias extrañas 68
La Iglesia pierde su camino 69

CAPÍTULO 9 - EL ARTE DE LA PESTE NEGRA 71
La profunda pérdida de Petrarca 71
Boccaccio y *El Decamerón* 74
Caída del nuevo Movimiento Siena 75

CAPÍTULO 10 - LA PRIMERA CUARENTENA Y LA CONTENCIÓN EXITOSA 76
Los primeros intentos 77
Venecia 78
Esfuerzos sin litoral 80

    Cementerios de la peste 81
CAPÍTULO 11 - MÁS ALLÁ DEL COSTO HUMANO 83
    Los animales afectados por la plaga 83
    La pérdida de alimentos y protección con la muerte de los
    animales domésticos 84
    Escasez de lana 85
    Escasez de mano de obra 85
    Las guerras se detuvieron 87
    Un futuro más fuerte 88

CAPÍTULO 12 - EFECTOS DURADEROS EN EL FUTURO DE EUROPA 90
    La repoblación y el papel de las mujeres 91
    Guerra biológica 92
    El nombre de la peste negra 94
    La peste negra en la literatura y los medios de comunicación 95
    Rimas infantiles y otros legados de la peste negra 96
    La Mascarada de la Muerte Roja 97

CONCLUSIÓN 100
VEA MÁS LIBROS ESCRITOS POR CAPTIVATING HISTORY 103
BIBLIOGRAFÍA 104

Introducción

La peste negra fue una de las primeras pandemias registradas en Europa después de la caída del Imperio romano. A lo largo del continente, la gente aprendió lo espantosa y horrible que podía ser la enfermedad cuando la plaga cruzaba las fronteras de los países y las líneas establecidas por la sociedad, matando a todos por igual. Demostró que nadie, ni siquiera arzobispos y reyes, era inmune a su alcance. La ferocidad con la que la plaga arrasó el continente, incluso llegando a las costas de Inglaterra, demostró lo poco preparados que estaban para algo a tan gran escala. Era la primera vez que una enfermedad importante atacaba la mayoría del continente tras la caída del Imperio romano, pero no sería la última.

Hoy en día, es fácil mirar hacia atrás a la superstición y el miedo que llevó a la gente a creer algunas de las cosas más extrañas y a actuar de maneras que son completamente inaceptables ahora y nos llevan a preguntarnos cómo alguien podría haber sido tan irracional.

Al principio, la gente creía que la plaga era un incidente aislado y que seguir unas pocas tradiciones religiosas los protegería. La enfermedad golpeó primero a los marineros y a otras personas no conocidas por ser las más morales o religiosas. Luego la enfermedad comenzó a extenderse desde las ciudades portuarias a las áreas circundantes. Pueblos enteros fueron aniquilados, y la terrible plaga no parecía tener en cuenta la clase, el estatus o la religión. La gente comenzó a entrar en pánico, ya que incluso los monarcas y los líderes religiosos murieron por una enfermedad que se propagó más rápido de lo que se podía detectar.

Por supuesto, hoy en día comprendemos mucho mejor lo que causó la peste negra. Las pulgas fueron el principal problema, aunque hay un debate sobre qué animal fue el principal portador de las pulgas. Algunos dicen que fue el ratón; otros dicen que las ratas. La verdad es que cualquier animal que pudiera ser portador de pulgas habría sido una amenaza, incluyendo a las personas.

Los efectos de la plaga aún se sienten hoy en día. Muchos historiadores estiman que alrededor de un tercio de la población de Europa murió durante la primera pandemia, el evento dio forma al mundo que tocó. Tampoco fue un problema solo en Europa, ya que la noticia de la enfermedad precedió a su llegada. La gente que escuchó los rumores de la muerte en ciudades extranjeras creía que era una plaga para los paganos. Cuando comenzó a matar a cientos, luego miles, luego pueblos enteros, no parecía haber una razón clara para la causa. La gente entró en pánico, buscando un chivo expiatorio al que culpar mientras la población disminuía en todo el continente.

Aunque la peste negra inspiró algunos de los peores actos de la humanidad, también fue el comienzo de algunas prácticas preventivas que todavía usamos hoy en día. Cuando se corrió la voz de la plaga, un viajero particularmente inteligente se dio cuenta de que parte del problema era la introducción de personas con la enfermedad en ciudades sanas. Entendiendo que había una correlación, comenzó la primera cuarentena para mantener un pueblo seguro. También se dio cuenta de que los que habían sobrevivido a la mortal plaga no eran susceptibles a ella más tarde. Aunque llevaría siglos entender cómo usar esta información, la exposición a una enfermedad particularmente desagradable es exactamente lo que las vacunas actuales proporcionan a aquellos que las reciben.

Durante los siguientes siglos, la peste bubónica volvería varias veces. Aunque fue increíblemente mortal, nunca más tuvo el mismo efecto catastrófico en la población europea. La gente comenzó a estudiarla desde una perspectiva científica en lugar del mismo ángulo supersticioso o fatalismo religioso, lo que permitió entender exactamente qué estaba causando las muertes. Hoy en día, los profesionales de la medicina pueden tratar fácilmente la peste bubónica si se dan cuenta de lo que es lo suficientemente pronto. Con ejemplos de la enfermedad que se ha producido en muchas naciones durante la última década, incluyendo los EE. UU., la peste negra no ha desaparecido, pero ya no es la sentencia de muerte que una vez fue.

Capítulo 1 - Las primeras pandemias

Es casi seguro que hubo dolencias en Europa que causaron muertes masivas y pánico antes de la llegada de la peste negra. Sin embargo, no se registraron muchos casos de una pandemia tan devastadora que acabara con un gran porcentaje de la población. Una de las razones por las que la plaga pudo llevarse tantas vidas fue que la gente creía en la religión y supersticiones en lugar de la ciencia. En ese momento, la ciencia no estaba lo suficientemente avanzada como para ayudar a prevenir o curar la enfermedad, dejando a la gente indefensa, ya que sus seres queridos murieron y luego se enfermaron ellos mismos.

Muchas de las películas actuales sobre brotes y plagas repentinas que matan a grandes porciones de la población se basan en gran parte en la peste negra. Aunque definitivamente no se propagó al ritmo que se muestra en las películas y programas, parecía que con el tiempo acabaría con toda la vida, no solo con la de los humanos. La historia nos enseña que es posible que las plagas acaben rápidamente con la vida, pero también hemos recorrido un largo camino desde la última pandemia, lo que hace improbable que la historia se repita.

¿Qué es una pandemia?

Según la Organización Mundial de la Salud, "Una pandemia es la propagación mundial de una nueva enfermedad". La gripe, comúnmente llamada influenza, es un ejemplo de ello. A veces la gripe puede ser particularmente potente, pero es una enfermedad que la gente ha llegado a anticipar y a esforzarse por prevenir. Este tipo de gripe es más potente que la gripe estacional, pero normalmente se nos advierte sobre ella una vez que los profesionales médicos se dan cuenta de que existe una cepa particularmente virulenta que se desplaza por todo el mundo y que afecta a personas de todas las edades, no solo a los ancianos y a los niños pequeños.

Sin embargo, los peores ejemplos de pandemias fueron mucho más letales y ayudaron a moldear el mundo en que vivimos hoy. Casi todo el mundo occidental ha oído hablar de la peste negra, aunque no sepan exactamente cuándo ocurrió. Aniquiló a un tercio de la población de Europa y afectó a los europeos durante más de un siglo. Sin embargo, fue una pandemia, y no solo afectó a Europa. La peste bubónica golpeó tres veces diferentes en la historia, dejando profundas cicatrices en todos los lugares donde proliferó. Ha tocado casi todos los continentes y todavía existe hoy en día, pero tenemos la suerte de comprender mucho mejor la medicina y la enfermedad, por lo que podemos tratar la enfermedad con éxito si se detecta a tiempo.

La plaga de Justiniano

Tal vez no sea tan conocida como la peste negra, pero la primera pandemia registrada que tocó a Europa ocurrió entre 541 y 544 d. C., en el Imperio bizantino. El pueblo se consideraba a sí mismo como romano, ya que era la continuación de la mitad oriental del Imperio romano, que sobrevivió casi un milenio más que el Imperio romano de Occidente. Eran tan inteligentes y dotados como los romanos que conocemos hoy en día, y eran capaces de muchas más innovaciones y actividades intelectuales que las partes de Europa durante la Edad

Media. Mientras el resto de Europa había descendido a la superstición y a la Edad Media, el Imperio bizantino continuó los esfuerzos arquitectónicos, intelectuales y científicos de los romanos. A pesar de creer en la ciencia, la gente que vivía en Constantinopla no sabía nada de los organismos microscópicos y se sintió completamente perdida cuando la gente comenzó a morir de una misteriosa enfermedad en el año 541 d. C.

Llamada la plaga de Justiniano por el gobernante de la época, Justiniano I, la plaga se abrió paso entre la población a un ritmo alarmante. Se cree que esta plaga en particular se originó en Asia Central antes de propagarse a Etiopía, un animado centro de comercio, a través de las rutas marítimas. Desde Etiopía, la plaga siguió las rutas comerciales a Egipto, una provincia del Imperio bizantino y un importante centro de comercio con el resto de Europa. Desde Egipto, la plaga se extendió a lo largo de las rutas comerciales, tanto en el Mediterráneo como a lo largo del norte de África hasta el Imperio bizantino.

Fue la primera vez que la peste bubónica golpeó el continente, pero fue mucho peor cerca de Constantinopla, que hoy se llama Estambul. Los centros de comercio en gran parte de Europa eran mucho más pequeños, así que el efecto en la mayor parte del continente no fue tan grave. Como afectó al Imperio bizantino que se extendió desde Europa del Este a través de Oriente Medio y hasta el norte de África, no dejó el tipo de impresión que la próxima visita marcaría en la historia europea. Sin embargo, se le atribuye el haber contribuido a la decadencia del imperio. La hambruna y las cuestiones sociales se convirtieron en otra preocupación, que se imitaría en la siguiente gran iteración, con pérdidas mucho más devastadoras y memorables para los europeos.

Ocasionalmente surgían brotes menores durante aproximadamente los siguientes 200 años, pero eran en gran medida tan menores que son poco más que una nota de pie de página en la historia. Las vidas perdidas no eran menos importantes, pero la escala era demasiado pequeña para ser notada. Sin embargo, esto cambiaría en el siglo XIV.

La peste negra

La plaga de Justiniano fue devastadora para las personas afectadas, pero pasó desapercibida para la mayor parte de Europa. Durante los siguientes 800 años, las cosas cambiarían significativamente en Europa, con la gente gravitando hacia las ciudades. El cristianismo comenzó a escindirse, con el surgimiento de Roma como el nuevo centro del cristianismo europeo: el catolicismo. Esto jugaría un papel muy importante en la forma en que la gente llegaría a entender la plaga.

Los rumores de una plaga oriental habían llegado a Europa, en particular a los puertos italianos, pero parecía un problema lejano hasta que llegó a sus costas. El clero tenía cierto conocimiento de la plaga que devastó el Imperio bizantino durante el siglo VI, pero la mayoría de la población no sabía lo que había ocurrido hace tanto tiempo en un lugar tan lejano. La llegada repentina de una plaga que se movía imposiblemente rápido causó pánico. La mayoría de la gente no habría conocido el término pandemia, pero eso era exactamente lo que estaba ocurriendo. Personas notables en Europa, tanto en el continente como en las islas, murieron con muy poco aviso de que algo andaba mal. Una vez que una persona empezaba a mostrar signos de la enfermedad, era demasiado tarde para salvarla.

El número de muertos era inimaginable, y la gente se dio cuenta de que no tenían las herramientas adecuadas para hacer frente a lo que estaba sucediendo. La peste negra duró de 1346 a 1353, y luego pareció desaparecer en gran medida, solo para estallar ocasionalmente en todo el continente.

Fue la primera vez que se documentó una plaga en la medida que vemos hoy en día. Uno de los más renombrados escritores de la época, Giovanni Boccaccio, escribió sobre la plaga en una de sus obras más famosas, *El Decamerón*. Proporciona una mirada a la mentalidad y el terror que la enfermedad provocó en un pueblo que no estaba equipado para hacer frente a ningún desastre importante y ciertamente no algo que requiriera de la ciencia para curar.

En ese momento, llegó a llamarse la peste, pero dejaría una marca indeleble en toda Europa. Cuando la gente miraba los libros de historia, eventualmente declararía que la enfermedad era la peste negra. Hoy en día, es casi imposible imaginar lo horrible que fue la peste bubónica porque nunca hemos experimentado nada comparable. Incluso el susto del SIDA en los años 80 y 90 no fue tan devastador como la peste negra. Sin embargo, eso no impide que la gente tema que vuelva a suceder. Los siglos no ha hecho nada para disminuir el miedo y el horror que la primera peste negra inspiró en varios continentes.

La tercera pandemia

Aunque la peste bubónica regresaba ocasionalmente, la siguiente vez que alcanzó el nivel de una pandemia fue en China a mediados del siglo XIX. La conocida enfermedad aún no se entendía del todo más de 500 años después. Esta vez, asolaría los países de Asia y Australia. Empezó en una zona remota de China, pero comenzó a extenderse a lo largo de las rutas comerciales del opio y el estaño. Como los tentáculos que se extienden desde la fuente, fue en varias direcciones diferentes, llegando a Hong Kong en 1894 y a Bombay en 1896.

Al igual que la última pandemia, la peste bubónica se extendió a las ciudades portuarias de todo el mundo, pero no tuvo el mismo efecto en los lugares que había devastado anteriormente. Causó graves preocupaciones en Australia y en gran parte de Asia, pero fueron los países más pobres los que realmente sufrieron porque no tenían los medios para luchar contra la plaga. El lugar más afectado fue la India. Se estima que 15 millones de personas murieron durante esta tercera pandemia que terminó alrededor de 1959. A diferencia de las pandemias anteriores, la plaga parecía desaparecer, y luego volver a levantar la cabeza cuando la gente pensaba que era segura. Esto hizo que la enfermedad fuera difícil de combatir y es la razón por la que se perdieron tantas vidas.

Preocupaciones de hoy

La ciencia ha facilitado mucho la lucha contra las enfermedades, pero también ha facilitado considerablemente su propagación. Además de las armas biológicas, las innovaciones modernas como los aviones y la globalización a gran escala han hecho que la enfermedad pueda desplazarse fácilmente a un nuevo lugar antes de que nadie sepa siquiera que existe un problema. Las películas y los espectáculos pueden contener una exageración del ritmo con el que se propagan normalmente las enfermedades, pero pone de manifiesto lo susceptibles que somos si no tenemos cuidado. Esto debería servir más como una precaución y un recordatorio para ser cuidadoso y controlar los destinos antes de que usted los visite y después de que regrese. Las acciones preventivas como las inyecciones y el control de salud pueden ayudar a identificar más rápidamente los problemas si surge algo.

Capítulo 2 - La peste negra

La plaga bubónica ha reaparecido ocasionalmente a lo largo de la historia para recordar a la humanidad que nada debe darse por sentado. Dejó su huella en Europa, Asia y África, con un número de muertes que es casi inimaginable hoy en día. Cuando pensamos en la peste negra, pensamos en ella como un problema que se ha repetido en nuestra historia y no como una preocupación por nuestro futuro. Pensamos en las personas que sufrieron el dolor y el pánico como desafortunados e ignorantes porque la ciencia no había progresado lo suficiente como para explicar lo que causó la plaga. Los eventos fueron más bien una tormenta perfecta que se llevó la vida de muchos millones de personas. Sin embargo, como se mostró en el capítulo anterior, la enfermedad no es tan remota en la historia como nos gustaría creer.

Entender la peste bubónica es mucho más fácil hoy en día porque la tecnología ha avanzado mucho más allá de la seudociencia y el misticismo de la Europa medieval. Aunque hay cierto debate sobre varios aspectos de la enfermedad, el diagnóstico anual de las personas que la padecen no deja mucho margen para la incertidumbre sobre el funcionamiento de la plaga.

Tipos

Existen tres tipos de plagas, todas ellas causadas por la Yersinia pestis, una bacteria. Si no se trata, los tres tipos son generalmente mortales, incluso el tipo menos potente, la peste bubónica, como la historia ha demostrado ampliamente. Esto se debe en parte a que se propaga si no se trata y puede causar una de las formas más letales.

Peste bubónica

La forma más infame de la peste es la peste bubónica, y sigue siendo la forma más común. En esta forma, la bacteria ataca los nodos linfáticos. Esta plaga deriva su nombre de los ganglios linfáticos hinchados y dolorosos que están infectados, a menudo llamados bubones. Los pacientes con este tipo de plaga tendrán los ganglios linfáticos hinchados en el cuello, debajo de los brazos y alrededor de la ingle. Si no se trata, puede empezar a infectar otros órganos y sistemas vitales, sobre todo los sistemas circulatorio y respiratorio.

Peste septicémica

Considerablemente más peligrosa que la peste bubónica, la bacteria infecta y viaja a través de la sangre. Esto significa que se propaga mucho más rápidamente si no se trata.

Peste neumónica

Como su nombre lo indica, esta versión de la enfermedad comienza atacando los pulmones. De los tres tipos, es la menos común y siempre es fatal si no se trata. Sus síntomas son similares a los de muchas otras dolencias respiratorias, por lo que es otra razón por la que hay que visitar a un médico cuando se tienen problemas respiratorios.

A diferencia de los otros dos tipos, la peste neumónica se transmite por el aire, por lo que se puede contraer al estar expuesto a alguien que la tenga y haya estado tosiendo cerca de usted. Si se determina que usted tiene la peste neumónica, debe informar a todas las personas que han estado expuestas a usted recientemente para que puedan ser revisadas. Es fácilmente la forma más peligrosa de la plaga, ya que no necesita otro agente para transmitir la enfermedad entre dos personas.

Síntomas

Cada uno de los tres tipos de plaga tiene sus propios síntomas, lo que facilita la determinación del tipo de plaga que tiene una persona. La incubación de la peste es entre un día y una semana. Típicamente, una persona que contrae la dolencia comenzará a mostrar signos en menos de una semana, aunque para los que tienen la peste neumónica, los síntomas pueden presentarse en menos de un día.

Casi todos los enfermos empiezan sintiendo frío o escalofríos y tienen fiebre al principio del período de incubación de la enfermedad. Tienden a sentir dolor y también a tener dolores de cabeza frecuentes o constantes durante las primeras etapas.

La peste bubónica recibió su nombre del síntoma más obvio que exhibe un enfermo: los nódulos linfáticos hinchados. Además de la hinchazón, los bubones se vuelven sensibles y dolorosos (incluso sin presión adicional). Cuando no se tratan, las llagas abiertas pueden formar ese exudado de pus.

La plaga septicémica comenzará a mostrarse de maneras mucho más alarmantes. Por ejemplo, el enfermo tendrá hemorragias visibles bajo la piel o los orificios, como la nariz, la boca o el ano. Sus extremidades tienden a volverse negras (nariz, dedos de las manos y pies ennegrecidos son signos comunes de que la dolencia está progresando). Suele ir acompañada de aparentes dolencias estomacales, como vómitos y diarrea.

Una de las razones por las que la gente tiende a esperar para buscar ayuda para la peste neumónica es que los síntomas iniciales se presentan como si no fueran diferentes de los de muchas otras enfermedades respiratorias. El enfermo comenzará a toser y a tener problemas para respirar. En algún momento, la tos incluirá sangre, lo que es un signo obvio de que la enfermedad es muy grave y no debe ser ignorada. Al igual que los que tienen la peste septicémica, las personas que tienen la peste neumónica también pueden experimentar problemas abdominales, incluyendo vómitos.

Es importante señalar que si la peste bubónica no se trata, es muy probable que resulte en uno o ambos de los otros tipos. La bacteria infectará todas las partes del cuerpo, como se ve en los registros de la peste negra. Las primeras víctimas de la enfermedad tendían a tener la peste bubónica, ya que sus síntomas eran los ganglios linfáticos inflamados. Sin embargo, también se le llama la peste negra porque muchas de las víctimas tenían claramente los síntomas de la plaga septicémica después de unos pocos días. Sus cuerpos comenzaron a sangrar y a volverse negros incluso antes de morir. Con el tiempo, es igual de probable que la enfermedad se hubiera propagado sin pulgas porque muchas personas tenían bacterias en todos sus sistemas vitales, incluyendo el sistema respiratorio. Basándose en la rapidez con que la enfermedad se propagó con el tiempo, y en el hecho de que se dijo que muchas de las víctimas habían mostrado signos al día siguiente de entrar en contacto con alguien que tenía la enfermedad, es muy probable que la peste neumónica desempeñara un papel tan importante como la peste bubónica en la eliminación de un gran porcentaje de la población europea.

Medios de propagación de la infección

La mayoría de la gente hoy sabe que la plaga es llevada por ratas y ratones y es transferida por las pulgas. Esto es cierto, pero no son los únicos portadores. Cualquier animal que pueda atraer a las pulgas, particularmente perros y gatos, son portadores potenciales. Sin embargo, la peste neumónica no se transmite por mordeduras de pulgas, sino por patógenos transportados por el aire. Si se expone a alguien con esta forma de la plaga, puede contraerla sin ninguna interacción de las pulgas.

Se cree que hubo una combinación de las tres formas de la plaga que acabó con gran parte de Europa. Es muy posible que parte de la población hubiera contraído la peste neumónica y se hubiera extendido a los nódulos linfáticos, dando como resultado que se parezca a la peste bubónica. Aquellos que la contrajeron a través del aire probablemente habrían muerto mucho más rápido, ya que sus pulmones habrían empezado a fallar en las primeras etapas de la enfermedad. Con un período de incubación que puede ser inferior a 24 horas, las personas pueden empezar a mostrar signos de haber contraído la enfermedad en un solo día. Por eso es tan importante que el diagnóstico se haga lo antes posible después de la aparición de los síntomas y que los demás sepan si han estado potencialmente expuestos.

Todavía alrededor

Una de las cosas más inquietantes de la peste negra es que nunca ha desaparecido. La gente hoy en día tiende a pensar en ella como un horrible evento que ocurrió en un pasado muy lejano. Incluso aquellos que son muy conscientes de la cantidad de muertes que causó durante el siglo XIX y hasta el siglo XX piensan que es un problema que la ciencia ha conquistado.

Sin embargo, esto no es del todo cierto.

La peste bubónica nunca ha sido designada como una enfermedad que haya sido erradicada. Como las vacunas han hecho que la viruela, la poliomielitis y algunas otras enfermedades más "modernas" sean cosa del pasado, muchas personas asumen que una infección que causó tan insondable cantidad de muertes hace siglos quedó en el pasado. Pero la peste bubónica sigue siendo una enfermedad que la gente sufre hoy en día —en la mayoría de los continentes habitados— y la gente debería ser consciente de que la peste es una enfermedad que se puede contraer actualmente.

Debido a que es una enfermedad bacteriana, no existe una vacuna para la peste bubónica. En los países desarrollados, no es probable que sea mortal si se detecta a tiempo. Como es una infección bacteriana, los profesionales médicos pueden tratar la peste bubónica con antibióticos, y los pacientes tienen una tasa de supervivencia muy alta hoy en día. Sin embargo, si no se detecta a tiempo, puede resultar en graves riesgos para la salud, pérdida de extremidades y la muerte.

A continuación se presentan algunas estadísticas sobre la plaga basadas en varias organizaciones de salud diferentes.

- La Organización Mundial de la Salud continúa rastreando la plaga y ha publicado las siguientes estadísticas, que se actualizan regularmente:
    o Entre 2010 y 2015, se reportaron 3.248 casos. De ellos, 584 personas murieron. Aunque el número de casos reportados es un porcentaje increíblemente pequeño de la población mundial, la tasa de mortalidad de esos casos fue de casi el 18%. La mayoría de las zonas con muertes se encontraban en países en desarrollo o en zonas con pocas o ninguna opción médica.
    o La peste bubónica tiene una tasa de fatalidad de entre 30-60% cuando no es tratada. Siempre hay efectos a largo plazo para aquellos que sobreviven sin tratamiento, incluyendo una menor calidad de vida. La peste neumónica es casi 100% mortal si no se trata.

o La mayoría de los casos reportados de peste se encuentran en Perú, Madagascar y la República Democrática del Congo.

– Se han reportado casos de la plaga en muchos países considerados modernos (y probablemente considerados seguros), entre ellos China, India, Mongolia, Vietnam y los Estados Unidos. La última epidemia de la plaga se produjo en 2006 en la República Democrática del Congo, y se estima que causó 50 muertes.

– Según el Centro de Control de Enfermedades de los Estados Unidos, este país tiene un promedio de 1 a 17 casos por año, y más del 80% de los casos reportados son de peste bubónica. No hay un límite de edad para quien la puede contraer, pero el 50% de los casos reportados son en personas entre 12 y 45 años.

– Aunque hoy en día está estrechamente vinculada en la mente de las personas con Europa, en realidad no se ha informado de ningún caso de la enfermedad en Europa en los últimos años.

Recuerde, la plaga puede ser transferida a través de insectos parásitos, pero ese no es —y nunca ha sido— el único medio de contraer la enfermedad. La versión más mortal se contrae sin necesidad de exponerse a las pulgas y actúa mucho más rápido. Ser consciente de que tiene otros medios de propagación puede ayudar a detectar el problema antes para que se pueda buscar un tratamiento adecuado. El hecho de que sea tratable no significa que no sea peligroso o incluso mortal.

Capítulo 3 - El uso improbable de la peste negra

Una de las historias más interesantes, y ciertamente más inesperadas, del horror de la peste negra no es sobre las secuelas (aunque son fascinantes y todavía son visibles hoy en día) o la forma en que actuó como un gran ecualizador. Actualmente, a menudo consideramos la guerra biológica como un desarrollo moderno, algo que nadie podía hacer antes de que la tecnología evolucionara lo suficiente como para convertir en armas el uso de enfermedades contra el enemigo. Sin embargo, una de las formas no muy discutidas para su introducción en Europa es la posibilidad de que la peste negra fuera convertida en arma y dirigida contra un determinado grupo de personas. Esta guerra biológica era burda, y claramente, las personas que la usaban no tenían las mismas reservas para matar a cualquiera que entrara en contacto con ella que las que pudiera tener alguien del ejército. Sin embargo, se registró como un arma utilizada durante el asedio de una ciudad, y las ramificaciones ciertamente fueron más allá de lo que se pretendía originalmente. Esto sirve no solo como una lección sobre la historia, sino también sobre el uso continuado de las armas biológicas y lo irresponsable que es intentar usarlas porque las consecuencias pueden ir más allá de lo que se pretende.

Un tipo de fuente diferente

Lo que se sabe de una de las formas en que la peste negra llegó a Europa proviene de las memorias de un comerciante italiano llamado Gabriele de' Mussi. Mientras la plaga se extendía en áreas fuera de Europa y eventualmente se abría paso hasta el continente, de' Mussi nunca dejó Piacenza, Italia. Esto significa que sus relatos con las descripciones de los eventos y la enfermedad no fueron influenciados por los viajes al extranjero. El significado de esto es que la peste negra muy probablemente llegó al continente de más maneras que a través de los marineros enfermos que llegaron a la ciudad portuaria de Messina, Sicilia. Dado que la plaga se había extendido a muchas áreas diferentes fuera de Europa, está casi garantizado también que entró a través de múltiples lugares. Pero la gente prefiere tener una única fuente definitiva, y eso ha llevado a especular sobre un único punto de entrada para la mortal enfermedad. Exploraremos un par, aunque este escenario es el que se convirtió en el más conocido y el más documentado después de que la plaga comenzara a extenderse. Aun así, dada la rapidez con la que la enfermedad se propagó por el continente, es mucho más probable que hubiera más de un caso de la plaga entrando en la población de Europa.

Dado que hay al menos dos métodos diferentes a través de los cuales la enfermedad llegó al continente, esto muestra cuán devastadores fueron los efectos, ya que se propagó rápidamente desde dos áreas diferentes, en lugar de tener una sola fuente.

Apuntando al culpable

Como se verá más adelante, mucha gente creía que la plaga era un castigo de Dios o un complot de una pequeña minoría de personas. Mucho antes de la llegada de la enfermedad mortal a Europa, estaba creando problemas y diezmando las poblaciones en todo el mundo conocido. Durante la década de 1340, la población de Crimea estaba bajo la amenaza de la peste negra, la cual había creado pánico.

En Crimea, se estimaba que unas 85.000 personas habían muerto a causa de la enfermedad. No hay registros de por qué se culpó a unos pocos comerciantes europeos, pero se sabe que los tártaros (la población predominante de Crimea) decidieron que necesitaban enfrentarse a los comerciantes cristianos que trabajaban en la ciudad llamada Tana. Es posible que el odio se basara en la relación muy hostil entre los tártaros y los genoveses, y la confrontación subsiguiente puede haber sido totalmente ajena a la peste negra en un principio.

Los mercaderes que trabajaban en una porción del mercado compuesta principalmente por comerciantes genoveses huyeron cuando se enfrentaron a los tártaros. Tenían un refugio seguro en la ciudad costera de Caffa (actualmente Feodosia). Con un gran interés económico en la zona, los genoveses habían creado un lugar fortificado donde podían tener un punto de apoyo en Crimea y seguridad en caso de necesidad.

El asedio de Caffa

De' Mussi proporciona un relato del asedio que es a la vez horroroso e intrigante. Aunque muchas de sus memorias son más bien un dictado moral y llaman a la gente a arrepentirse de sus pecados, muestra que hubo un entendimiento por parte de la gente más educada de que la plaga era también, al menos en parte, un resultado de la crueldad humana.

Cuando los tártaros comenzaron su asedio a Caffa, la plaga los siguió. Fuera de Caffa, comenzaron a morir en gran número. Según de' Mussi, esto hizo que los tártaros se replantearan su estrategia y volvieran a establecer prioridades.

> "Los tártaros moribundos, aturdidos y estupefactos por la inmensidad del desastre provocado por la enfermedad, y al darse cuenta de que no tenían ninguna esperanza de escapar, perdieron el interés por el asedio. Pero ordenaron que los cadáveres fueran colocados en catapultas y lanzados a la

ciudad con la esperanza de que el intolerable hedor matara a todos los que estaban dentro. Lo que parecían montañas de muertos fueron arrojados a la ciudad, y los cristianos no pudieron esconderse, huir o escapar de ellos, aunque arrojaron tantos cuerpos como pudieron en el mar... un hombre infectado podía llevar el veneno a otros, e infectar a la gente y a los lugares con la enfermedad solo con mirar.

...Como sucedió, entre los que escaparon de Caffa en barco, había algunos marineros que habían sido infectados con la enfermedad venenosa. Algunos barcos se dirigieron a Génova, otros fueron a Venecia y a otras zonas cristianas. Cuando los marineros llegaron a estos lugares y se mezclaron con la gente de allí, fue como si hubieran traído espíritus malignos con ellos... Así la muerte entró por las ventanas, y mientras las ciudades y pueblos se despoblaban sus habitantes lloraron a sus vecinos muertos".

Según las memorias de de' Mussi, el asedio no era sostenible porque muchos de los que esperaban en las puertas estaban muriendo por la enfermedad. Como no podían atacar a los cristianos, los tártaros decidieron volver a casa, pero no sin antes encontrar una forma mucho más horrible de hacer pagar a los cristianos por su arrogancia. Con demasiados cuerpos para llevar a casa, los tártaros usaron sus catapultas para lanzar a sus muertos a la fortaleza de Caffa. La traducción suena como si de' Mussi creyera que los tártaros solo querían que los cristianos lidiaran con las mismas escenas y olores horribles. Es muy probable que los tártaros supieran exactamente lo que hacían: los cadáveres eran usados como parte de una guerra biológica. Sabían que la gente de la ciudad tendría que enfrentarse a cosas mucho peores que a cadáveres en descomposición y a un olor desagradable. Infectaron intencionalmente a la gente de la ciudad, ya que las fortificaciones evitaban que los cristianos estuvieran expuestos a los mismos horrores de la peste negra con los que estaban lidiando. En ese momento, la enfermedad no había llegado a las costas de

Europa, por lo que los europeos no sabían lo horrible que era la enfermedad.

Todo eso cambiaría una vez que los pocos sobrevivientes que huyeron de Caffa llegaran a Europa. La peste negra no era una retribución divina como la mayoría de Europa pensaría. Es casi seguro que la introducción de la enfermedad, al menos en parte, fue el resultado de una temprana y exitosa guerra biológica intencional. Algunos incluso especulan que los marineros que llegaron a Sicilia fueron algunos de los que huyeron del ataque, no logrando escapar a tiempo y trayendo la enfermedad con ellos.

Las ramificaciones del uso horrible de la peste negra en la guerra

Las memorias de de' Mussi proporcionan una información muy inesperada y educativa, ya que muestran que había una conciencia de que no era solo un castigo del Dios cristiano. Él creía que la plaga que arrasó con gran parte de Europa fue un resultado directo del asedio a la única fortaleza genovesa de Caffa. Había otra explicación que fue ignorada en gran medida, y que involucraba a lo que la mayoría de los europeos llamaban paganos, ya fueran musulmanes, budistas o cualquier otra religión que no fuera cristiana. Si la peste negra era un castigo, provenía de otro grupo de personas, no del Dios cristiano, como creían muchas de las personas menos educadas. La gente que estaba a cargo no estaba dispuesta a condenar a los paganos fuera de Europa, ya que económicamente no era lo ideal hacer un corte en el comercio con ellos. Para seguir forrándose los bolsillos, los poderosos y ricos ignoraron este aspecto de la introducción de la peste negra para poder seguir beneficiándose financieramente. Aquellos que sabían mejor prefirieron culpar al pecado y a las transgresiones en lugar de cortar el comercio con un país que ayudó a matar entre un cuarto y una mitad de la población de Europa.

En parte, lo veían como una prueba de que los paganos eran horribles. Esto no disuadió a los comerciantes europeos de mantener relaciones y comerciar con ellos en el extranjero, pero fue usado contra aquellos paganos que eligieron vivir en Europa entre los cristianos.

Es cierto que algunos de los primeros casos de la peste negra en Europa comenzaron después del asedio de Caffa. El siguiente capítulo abarca la serie de acontecimientos más ampliamente aceptados, pero es casi seguro que los acontecimientos de Caffa desempeñaron un papel tan importante en la introducción y difusión de la peste negra en Europa como el barco que atracó en Messina ese fatídico día de octubre de 1347.

Capítulo 4 - Rumores y la llegada

La peste negra se refiere a los diferentes tipos de plagas durante un solo punto de la historia europea. La plaga se extendió por primera vez entre 1346 y 1353, con unos pocos años entre brotes. Continuó apareciendo y cobrándose vidas periódicamente, pero estos fueron los períodos más devastadores en los que pereció una parte importante de la población. Si una persona caía enferma con la enfermedad, era casi tan buena como una sentencia de muerte. Hoy en día la gente la llama la peste bubónica, pero es realmente más exacto llamarla la plaga porque los tres tipos estaban ciertamente presentes. Las personas que murieron más rápido probablemente contrajeron la peste neumónica, pero los signos de la peste bubónica estaban a menudo presentes, ya que la bacteria no atacaba solo un aspecto del cuerpo. Hubo unas pocas personas que sobrevivieron, pero eran una muy pequeña minoría. Aunque el nombre no se usó durante la época en que la enfermedad estaba desenfrenada en Europa, el término se refiere casi exclusivamente al siglo XIV, cuando la enfermedad se cobró la vida de hasta la mitad de toda la población europea.

Esto es quizás irónico, ya que los europeos tuvieron años de advertencia antes de su llegada. Sin embargo, el problema solo era conocido por un porcentaje muy pequeño de la población, e incluso para ellos, la enfermedad estaba matando gente en algún lugar en el extranjero. Para ellos, era un desafortunado caso de problemas que solo los paganos de Oriente tenían que enfrentar, y algunos creían que la razón de la aflicción era porque los paganos no tenían las mismas creencias religiosas. Sus dioses no eran tan poderosos como el que se adoraba en Europa, así que se dejó a los pueblos de Oriente para que sufrieran. Pronto, los europeos aprenderían cuán equivocada era su indiferencia, sus ideas distantes y sus sentimientos de superioridad religiosa.

La muerte en las principales rutas comerciales

Mucho antes de que la plaga llegara al continente, la clase culta y elitista de Europa había oído hablar de ella. El raro mercader que fue lo suficientemente valiente para viajar por el mundo volvió a Europa con historias horribles de una enfermedad que no crearía el tipo de alarma que debería tener. Las historias estaban demasiado lejos y el peligro era intangible. El tiempo pronto probaría que los rumores de las rutas comerciales deberían haber sido escuchados en lugar de ser desestimados. Había algunos comerciantes que pudieron proporcionar algunos detalles de la rapidez con que la plaga había progresado, así como ser capaces de enumerar algunos de los signos de la enfermedad. Es muy probable que los comerciantes transmitieran ciertos detalles, pero su audiencia solo lo escuchó como una desgracia que le ocurrió a los paganos que vivían en lugares extranjeros. Había cierta simpatía por el pueblo, pero no significaba nada para la gente de Europa.

Los cuentos indudablemente incluían información sobre la rapidez con la que la muerte llegaba a aquellos que estaban marcados por los grandes bubones y que una semana más tarde casi todos los que estaban marcados morirían. Con una tasa de mortalidad tan alta entre los afligidos en lugares lejanos, había muchas razones para que los pueblos de Europa sintieran compasión. El problema era que esto también debería haber servido como una advertencia. No todos los que sufrían morían. El hecho de que los comerciantes que habían viajado a las zonas afectadas y vivieron para proporcionar descripciones debería haber sido una advertencia de que era posible que la enfermedad viajara.

En cierto modo, había personas que eran conscientes de que la "Gran Pestilencia" que asolaba a otros países a lo largo de las rutas comerciales podía ser un problema. Los puertos tenían cierto nivel de medidas de precaución, ya que estaban al acecho de señales de los marineros y los que llegaban en los buques al puerto estuvieran infectados. Después de todo, los marineros también habían llegado a tierra con la noticia de la misteriosa peste que afectaba a las ciudades extranjeras, por lo que las noticias procedían de varias fuentes y no solo de los comerciantes que sobrevivían a las rutas comerciales.

El problema era que había un cierto nivel de ignorancia piadosa y un falso sentido de protección, ya que la enfermedad había estado plagando a otras naciones a lo largo de las principales rutas comerciales. Los países que habían sido grandes socios comerciales, como China, India, Persia, Siria y Egipto, habían experimentado lo peor de la enfermedad. Al mismo tiempo, sin embargo, todos ellos estaban gobernados por paganos, y sus dioses no eran el Dios de Europa. En cierto modo, los europeos creían que se salvarían porque pensaban que su Dios les protegía de los males que se propagaban en otros lugares. El hecho de que siguieran siendo el único gran socio libre de plagas a lo largo de las rutas comerciales era la prueba de que su religión era la correcta.

Lo que no se dieron cuenta fue que la plaga se estaba abriendo paso desde su punto de origen en China y se estaba extendiendo hacia el oeste. La India y Persia estaban todavía a cierta distancia, así que eso no hizo que los europeos fueran cautelosos. Sin embargo, cuando llegó a Egipto, debieron ser mucho más cautelosos porque el viaje a través del Mar Mediterráneo no estaba tan lejos como la ruta terrestre a China. Los marineros que hicieran la travesía no perecerían todos antes de llegar a las costas de Europa.

A medida que la plaga avanzaba, la élite de Europa que había oído hablar de ella sentía una falsa sensación de seguridad. Incluso si llegaba a sus costas, creían que aún estarían a salvo. Esta sensación de invulnerabilidad ocultaba un problema mayor. Con poca gente educada en Europa, había muy poca gente que tomara algún tipo de precauciones. La falta de preparación sería parte de la razón por la que la enfermedad tendría un impacto sin precedentes en tantas naciones europeas. La gran mayoría de las personas que no vivían cerca de los puertos desconocían por completo la enfermedad, lo que los hacía increíblemente susceptibles a la exposición una vez que comenzó a desplazarse tierra adentro.

Este sentido de superioridad religiosa también terminaría volviéndose en contra de la gente de Europa. La gran mayoría de la gente vería la peste negra como una señal de la ira de Dios. La élite no sabría cómo escapar de ella porque rápidamente se demostró que incluso sus castillos, monasterios y tierras más remotas no eran inmunes a la plaga. También fue uno de los principales puntos de inflexión en la estructura del poder político. Mientras la gente veía a sus seres queridos morir una muerte espantosa y luego la sufrían ellos mismos, perdieron la fe en las enseñanzas de la élite.

Nadie podía predecir exactamente lo que sucedería una vez que la enfermedad llegara finalmente a las costas europeas, y su falta de previsión fue lo que finalmente causaría tantas muertes. Era casi una certeza que la plaga llegaría a los puertos europeos. Los mercaderes y comerciantes de los caminos tradicionales no sobrevivieron al viaje o no intentaron viajar si estaban enfermos, lo que significa que la plaga probablemente no entró a Europa por tierra. El mayor riesgo de que la enfermedad llegara a las costas era a través de los que comerciaban a lo largo del mar Mediterráneo. Es casi seguro que los comerciantes genoveses que sobrevivieron a Caffa ayudaron a introducir la plaga en algunas partes de Europa, pero se sabe con certeza que uno de los primeros casos registrados ocurrió en un puerto de Sicilia llamado Messina. Dada la rapidez con la que se propagó la enfermedad, es probable que hubiera múltiples barcos que trajeron la plaga a la costa, pero este puerto en particular fue el que cayó en la infamia como el portador de la enfermedad más mortal que golpeó a Europa.

La infame llegada —más que un barco

Hasta octubre de 1347, la "Gran Pestilencia" no fue más que una desgracia que golpeó a otras naciones en otros continentes. Había estado trabajando hacia el oeste, pero había llegado primero al norte de África, sin llegar a Europa. Eso no significaba que la gente a lo largo de las ciudades costeras no estuviera protegida contra ella. Incluso las personas que no estaban tan bien educadas habían oído rumores de una terrible enfermedad porque los marineros habrían oído hablar de la epidemia cuando estaban lejos de casa. Habiendo oído hablar de la plaga, sabían que estaban en peligro, pero no tomaron ninguna precaución con los barcos cuando llegaron y se fueron.

Durante ese octubre, una docena de barcos llegaron y atracaron en Messina. Estos doce barcos serían más tarde apodados "los barcos de la muerte", y hubo muchos testigos de los horrores que trajeron al puerto. La gran mayoría de los marineros de los barcos ya estaban muertos cuando llegaron los barcos, y sus cadáveres mostraban horribles pruebas de lo dolorosa que habría sido su muerte. Peor aún eran los marineros que aún estaban vivos. No mucho mejor que los cadáveres, estaban claramente sufriendo lo que sus compañeros ya habían soportado. Los pobres marineros estaban claramente enfermos, ya que estaban cubiertos de bubones. Las ronchas eran grandes, negras y rezumaban tanto pus como sangre. Los testigos de la condición de estos marineros estaban mortificados porque la enfermedad de la que se había hablado en las costas extranjeras había llegado finalmente a su propia costa.

Tan pronto como las autoridades del puerto se dieron cuenta de lo que había a bordo de los barcos, exigieron la inmediata retirada de los mismos, sin importar el estado en que se encontraban los marineros. No se hizo ningún intento de tratar a los marineros ni de dejarlos permanecer en el puerto, ya que la enfermedad podía potencialmente infectar a otros. Al alejar los barcos de sus costas sin dar a los marineros moribundos un nuevo destino, las autoridades se aseguraron de que otros lugares corrieran la misma suerte.

Sin embargo, los barcos ya habían atracado y hubo gente a bordo que presenció las terribles condiciones de los barcos. Durante mucho tiempo, los historiadores especularon con que las pulgas de los barcos eran la fuente de la plaga que llegó a las costas de Sicilia ese día. Ahora sabemos lo que los científicos han aprendido desde entonces al estudiar la pandemia y es que la plaga también podría ser contraída a través del aire. Ninguna rata, ratón u otro roedor tendría que haber llegado a la costa, lo que habría sido difícil considerando la rapidez con la que los barcos fueron retirados. Es muy probable que muchos de los primeros casos fueran en realidad el resultado de la peste neumónica en aquellas personas que vieron a los marineros moribundos, particularmente si estaban en los últimos estertores de la muerte. Los cuerpos de los vivos habrían estado liberando numerosos fluidos al aire a través de sus heridas llenas de pus y sangre, tos incesante y vómitos y diarrea. Cada uno de los barcos habría tenido más que suficientes patógenos en el aire para haber infectado a las personas que presenciaron las terribles escenas a bordo.

La falta de contención del problema

Uno de los primeros problemas fue que nadie trató de contener la plaga en los primeros días. Temerosos de permanecer donde estaban y potencialmente expuestos, la gente huyó a otras ciudades. Sin embargo, los mercaderes y comerciantes continuaron con sus rutinas diarias. Cuando Shakespeare escribió *Romeo y Julieta*, el continente era consciente de la necesidad de las cuarentenas, y el resultado en esa historia fue que el sacerdote fue detenido debido a una cuarentena por lo que Julieta no se enteró de que Romeo seguía vivo. No existía un protocolo de seguridad como este cuando la peste negra golpeó por primera vez a Europa.

Muchas de las personas en Europa que conocían los problemas en el extranjero no creían que fuera a ser un problema que les afectara. Esta falta de previsión y planificación significó que no se molestaron en estudiar las formas de controlar la enfermedad. Aunque la peste negra mató a grandes porciones de la población de todo el mundo durante esta pandemia, pocos se vieron tan trágicamente afectados como Europa. Algunos de los otros países y civilizaciones habían aprendido de la anterior peste de Justiniano, pero la gente de Europa había ignorado en gran medida lo que no estaba a su alcance. Esto significaba que no estaban preparados para enfrentarse a una enfermedad que se extendía rápidamente. La plaga mató a grandes porciones de todas las poblaciones donde se propagó, pero en ningún lugar se registró el número de muertes visto en Europa y China. Como lugar de origen de la plaga, China no tuvo tiempo de prepararse. Europa, por otro lado, debería haber visto la enfermedad viajando hacia sus costas. Eligieron creer que su Dios los protegería en lugar de prepararse para la posibilidad de que la enfermedad llegara a su hogar.

Muchos hoy en día piensan que podría haber sido tan fácil de controlar como erradicar las pulgas y otros insectos parásitos, pero por supuesto, no tenían la misma comprensión que nosotros. Era la Edad Media de Europa, y la ciencia había sido ignorada en gran medida desde la caída de Roma. La superstición y la religión regían sus vidas, y la gran mayoría de la población era analfabeta. Aun así, el hecho de que la gente hoy en día piense que el número de muertos podría haberse reducido significativamente con un mejor control de plagas muestra que la gente aún no se toma el tiempo para entender completamente los riesgos de las pandemias. No hay duda de que las pulgas y otros portadores propagan la enfermedad, pero ese no fue el único medio de propagación de la peste. La plaga también se transmite por el aire, por lo que quienes atendían a las personas cuyos pulmones estaban afectados respiraban la plaga, por tanto el problema no eran solo las pulgas. Este tipo de entendimiento a medias es tan peligroso hoy como lo fue hace siglos.

Si se hubiera permitido que el barco se quedara en el puerto y se hubieran eliminado los cuerpos y se hubiera establecido una cuarentena, es muy probable que la plaga todavía hubiera llegado a Europa. Era todo menos una inevitabilidad. Quizás no habría sido tan desastroso si los barcos hubieran permanecido en el puerto. Con doce barcos que transportaban marineros muertos y sin un puerto que los acogiera, significaba que los barcos acabarían en otras áreas a lo largo de la costa. Incluso si todos los marineros estuvieran muertos, los barcos habrían llegado a otros lugares a lo largo de la costa. Y una vez allí, la gente abordaría los barcos para encontrar la espeluznante escena, y la enfermedad llegaría a otras víctimas. El daño podría haberse minimizado manteniendo los barcos en Messina, pero no había suficiente comprensión de la enfermedad, y mucho menos la capacidad de mantenerla contenida. El envío de los barcos de vuelta al mar Mediterráneo resultaría ser una decisión devastadora para todo el continente.

Una de las principales lecciones que se pueden sacar de esto hoy en día es que los problemas no pueden ser simplemente enviados lejos. Es muy probable que este no fuera el único incidente, y que toda la culpa de lo que vendría no pueda recaer en la gente de Messina. A menudo se señala como el punto en el que la peste negra llegó finalmente al continente, pero es casi imposible que haya sido el único caso. Incluso hay dudas de que fuera el primer encuentro. Sin embargo, es el punto que se ha transmitido a través de la historia como el comienzo de uno de los eventos más horribles de la historia europea.

Una falta de comprensión y preparación

A pesar de haber oído hablar de la "Gran Pestilencia", no se hicieron preparativos para combatirla si llegaba a las costas europeas. Hubo tiempo suficiente para que quienes habían oído hablar de ella se prepararan para la enfermedad, como hacen muchos países hoy en día. El principal problema era que Europa no había visto una pandemia importante en cientos de años. La peste de Justiniano no afectó mucho a Europa y, a pesar de haber ocurrido cientos de años antes, la población de Europa pudo haber visto esto como una prueba de que era inmune. El cristianismo ya había comenzado a escindirse, y la gente consideraba a los cristianos del Imperio bizantino como paganos. La gente de Europa y la gente del imperio lucharon juntos contra los musulmanes durante las primeras cruzadas. Sin embargo, para la Cuarta Cruzada de 1202 a 1204, los cristianos europeos decidieron atacar el imperio. En esta época, el imperio estaba experimentando el fin de su tiempo, aunque ya no era tan poderoso o grande como lo había sido. Europa había demostrado que era más poderoso que sus vecinos, al menos en sus propias mentes.

Esta mentalidad era probablemente una gran parte de la razón por la que los pueblos de Europa sentían que no era necesario preocuparse por la propagación de la plaga en el resto del mundo. Ciertamente había una arrogancia en el continente.

Otros lugares sufrían terriblemente de la enfermedad, pero ninguno de ellos sufriría en la misma escala que Europa. Los que estaban a lo largo de la ruta comercial probablemente tomaron algunas precauciones, aunque no está bien documentado cómo lo manejaron. Muchos lugares habían sufrido enfermedades graves o habían oído hablar de lugares devastados por la enfermedad. Tenían más experiencia, o al menos una experiencia más reciente. Cuando se supo en esos lugares que había una terrible enfermedad que estaba cobrando un gran número de víctimas, habrían hecho lo posible por prepararse en lugar de confiar en la suerte, la superstición o la intervención divina para mantenerlos a salvo.

La falta de una enfermedad reciente y de gran alcance perjudicó a la población de Europa. Durante siglos habían estado reconstruyendo las tierras tras la caída del Imperio romano. La repoblación era lenta, pero claramente estaban progresando. Los pueblos crecieron mucho más lentamente en Europa que en otros lugares del mundo conocido (Asia y África). En el siglo XIII, el número de ciudades en Europa era escaso, y el continente seguía estando casi exclusivamente compuesto por sociedades agrarias. Las ciudades que salpicaban el paisaje europeo eran casi todas de menos de 10.000 habitantes.

Italia fue uno de los primeros en rechazar el estilo de vida feudal que era común en Europa hasta el siglo XIII. Ahí es donde los pueblos y ciudades comenzaron a crecer a medida que la gente comenzó a buscar su propia fortuna. Era más fácil encontrar trabajo y ganarse la vida cuando había más gente alrededor. Los puertos atraían al mayor número de personas porque el comercio era más rentable y había muchas más opciones. La gente en Europa no estaba tan bien educada como los romanos en lo que respecta a los riesgos de comerciar con tierras extranjeras, por lo que no tenían ninguna protección real. A medida que los pueblos y ciudades comenzaron a prosperar, eran mucho más susceptibles a los horrores de la plaga que otros lugares que habían sido afectados. La gente vivía en barrios mucho más cercanos para protegerse de los forasteros. Las calles eran estrechas y las casas pequeñas, proporcionando una protección mínima. Tal vez uno de los peores elementos que impulsaron a la gente de Europa a propagar la enfermedad fue la falta de protección de sus fuentes primarias de agua, tanto para beber como para limpiar. Aunque el baño no era tan común entonces, se necesitaba agua fresca para beber y cocinar.

Todos estos elementos trabajarían en contra de la gente a medida que la peste negra se extendiera rápidamente entre ellos. Habían encontrado una forma de protegerse de las invasiones y de los humanos, pero no habían aprendido a luchar contra el tipo de enfermedad que era más familiar en otros continentes. Esto también se extiende a la forma en que manejaban los muertos. La gente de Europa no estaba preparada para lidiar con el número de cadáveres que quedaban tras la enfermedad. Al no haber lidiado nunca con este tipo de muerte a una escala comparable, no tenían los medios adecuados para lidiar con el vasto número de cadáveres.

Giovanni Boccaccio proporcionó una muy sucinta y triste descripción de los eventos durante este tiempo, ya que la gente comenzó a darse cuenta de que el problema era mucho peor de lo que podían haber imaginado.

> "Los cadáveres llenaban cada rincón. La mayoría de ellos fueron tratados de la misma manera por los sobrevivientes, quienes estaban más preocupados por deshacerse de sus cuerpos en descomposición que movidos por la caridad hacia los muertos. Con la ayuda de porteadores, si podían conseguirlos, sacaban los cuerpos de las casas y los ponían en la puerta; donde cada mañana se podían ver cantidades de muertos. Los colocaban en angarillas o, como a menudo faltaban, en mesas.
>
> Tal era la multitud de cadáveres llevados a las iglesias cada día y casi cada hora que no había suficiente tierra consagrada para darles sepultura.... Los cementerios estaban llenos, se les obligaba a cavar enormes zanjas, donde enterraban los

cuerpos por cientos. Aquí los guardaban como fardos en la bodega de un barco y los cubrían con un poco de tierra, hasta que la zanja entera estaba llena".

El Decamerón proporciona una mirada descarnada a la forma en que la plaga arrasó Europa, la sensación de pánico y miedo, y la incapacidad de la gente de lidiar con la escala de muerte que trajo a sus hogares. Las tradiciones tenían que ser abandonadas, ya que los infectados casi siempre morían en una semana.

Las fosas comunes fueron en sí mismas un contribuyente significativo a la continuación de la enfermedad. Los carroñeros, roedores y otros animales se habrían sentido atraídos por el hedor y habrían llevado las pulgas más lejos de la fuente. A medida que los animales llevaban la plaga a nuevas zonas, morían, obligando a los parásitos a buscar otros huéspedes. De esta manera, las personas que morían continuaban el ciclo. Los vivos transmitieron la enfermedad a través de patógenos transportados por el aire, y los muertos ayudaron a fomentar la propagación a través de los parásitos y los animales que los encontraron.

Capítulo 5 - Percepciones contra la realidad

A medida que los europeos se familiarizaron íntimamente con los costos de la peste negra, el pueblo se encontró completamente incapaz de hacer frente. Pueblos enteros murieron mientras la enfermedad se extendía por Europa, con muy pocas áreas que no se vieron afectadas. Tanto Europa continental como los países de las islas frente a la costa se vieron afectados. A pesar de los rumores sobre la Gran Peste, incluso aquellos que estaban mejor educados (principalmente los monarcas, el clero de la Iglesia católica y los de las ciudades portuarias) tenían una comprensión increíblemente limitada de lo grave que era la situación. No se habían preparado, y no tenían respuestas mientras buscaban una forma de evitar el contacto con la enfermedad mortal.

Los campesinos y la gente que trabajaba las tierras no tenían una educación formal. Todo su conocimiento sobre el mundo más allá de su vida diaria provenía del clero de la Iglesia. Tratar de entender lo que estaba sucediendo era imposible. Peor aún, las palabras de la Iglesia no lograron detener el progreso de la enfermedad, ya que el número de muertos aumentaba. Para muchos, debe haber parecido que el fin del mundo se acercaba, y fue entonces cuando el casi férreo control que la Iglesia tenía sobre la mayoría de la población comenzó a disminuir. Más adelante, este libro proporcionará más detalles sobre las consecuencias religiosas cuando se hizo evidente para la población general que el clero que los instruía no tenía más conocimientos sobre cómo contener el problema. Sin embargo, en los primeros días de la plaga, la gente se dirigió a sus líderes religiosos con la esperanza de ser salvados.

Creencias religiosas

Tras la caída del Imperio romano de Occidente y la transición del Imperio romano de Oriente a lo que ahora llamamos el Imperio bizantino, la mayoría de Europa descendió a un estado que era similar al mundo anterior a la invasión romana. Tal vez la diferencia más notable fue que muchas de las áreas que habían estado bajo control romano se volvieron cristianas. El cristianismo se había extendido por la mayor parte de Europa después del saqueo de Roma. Con el tiempo, la Iglesia católica se convirtió en el poder dominante en toda Europa, particularmente cuando las regiones regresaron a sus grupos más pequeños una vez que los romanos se fueron. Países como Inglaterra y Francia comenzaron a tomar el control con nuevas monarquías que llenaban el vacío de poder.

Durante todas las guerras y el establecimiento de otras potencias, el cristianismo era una de las pocas cosas que mucha gente tenía en común. Por eso la Iglesia tenía un poder tan inmenso. Era muy diferente a lo que la mayoría de los europeos consideran el cristianismo hoy en día (había cinco escaños para la Iglesia católica, no solo el del Vaticano como lo es ahora), e incluía las regiones bajo el extenso control de los romanos que fundaron Constantinopla. Este fue el momento en que la Iglesia realmente comenzó a crecer y los cismas comenzaron a formarse. Mientras el imperio crecía y se establecía, los pequeños principados de gran parte de la Europa continental luchaban por controlar sus áreas. Con las numerosas luchas de poder a lo largo del continente y las islas, la gente recurrió a la religión para obtener instrucción y estabilidad.

Durante los siglos anteriores a 1340, la mayoría de la gente vivía su vida diaria solo esforzándose por sobrevivir. Los elementos de sus vidas que se ocupaban de la socialización, la ley y la moralidad provenían en gran medida de la Iglesia. La gente aprendió que solo la Iglesia podía instruirlos en asuntos del alma, y llegaron a confiar en esa instrucción para entender el bien y el mal. Como solo el clero estaba seguro de ser educado (incluso algunos monarcas eran analfabetos o tenían una capacidad muy limitada para leer), recaía en la Iglesia y sus representantes el saber cómo comportarse. Incluso actividades tan simples como comer debían ir acompañadas de la oración. Si alguien cenaba sin agradecer al benigno y amoroso Dios de Cristo, podía enfrentarse a la ira vengativa del Dios del Antiguo Testamento. Después de todo, Cristo había creído en el Antiguo Testamento; el Nuevo Testamento fue escrito por los hombres que sobrevivieron después de su muerte.

Existen muchos casos de abuso de poder de la Iglesia durante este tiempo, como cualquier grupo en el poder tiende a hacer. Como una de las pocas áreas unificadoras de la vida diaria de todo el pueblo, tenían considerablemente más influencia que los gobernantes y los terratenientes. Los hombres de la Iglesia (las mujeres de la Iglesia no tenían virtualmente ningún poder en Europa) tenían voz no solo en lo que era el comportamiento correcto en la vida, sino que también tenían un lugar para juzgar a la gente después de la muerte. Por ejemplo, a la gente se le podía negar el entierro en terrenos sagrados, lo que podía significar que nunca encontrarían la paz después de la muerte. Como se instruía a la gente para que creyera que su existencia después de la vida era más importante, muchos de los miembros de la población se esforzaban por al menos parecer morales a los ojos de sus vecinos y del clero.

El extenso poder de la Iglesia católica duró por siglos, abriéndose camino en la vida cotidiana para la gran mayoría de los que vivían en Europa. Cuando la plaga llegó al continente, la gente inicialmente se dirigió a la Iglesia en busca de salvación. La enfermedad que había sido un problema para los paganos lejanos había llegado a sus costas y estaba matando a los europeos en números que eran previamente inimaginables.

Las primeras soluciones

Aterrorizados y buscando cualquier tipo de solución, el pueblo inicialmente siguió los dictados de su religión familiar. Al principio, la Iglesia comenzó a encontrar explicaciones para la enfermedad. Se culpó a la propia gente, y fue el Dios vengativo del Antiguo Testamento quien los castigó por sus defectos e insuficiencias. Se le dijo a la gente que sus pecados habían llevado a la enfermedad y que no se curaría hasta que se arrepintieran sinceramente.

Hipócritamente, mientras se culpaba a la gente y a sus pecados por la plaga, también se culpaba a la población judía de Europa. Se decía que ellos eran la fuente de la plaga. Aunque no fueron el único grupo al que se culpó, fueron los que recibieron la mayor parte de la culpa por la pandemia (a pesar de los esfuerzos de los tártaros, que posiblemente podían estar directamente relacionados con la llegada de la plaga al continente). Los que estaban en el poder no querían perder dinero deteniendo el comercio con otros países, por lo que en lugar de echar parte de la culpa donde era debido, optaron por utilizar chivos expiatorios para purgar otras religiones y personas de sus fronteras.

El aumento de la flagelación para expiar

Para abordar sus propios pecados, la gente inicialmente trató de vivir sus vidas más en línea con la forma en que su clero les dijo. Como se hizo evidente que la simple expiación no era adecuada, se tomaron medidas más extremas para apaciguar a su Dios. Durante 1348, la gente comenzó a azotarse a sí misma para demostrar que estaban sinceramente arrepentidos de los pecados que habían cometido. Ciertos hombres se convirtieron en el principal medio para proporcionar el servicio de los azotes. Viajaban a diferentes pueblos para azotar a las personas que querían arrepentirse, con la esperanza de que fuera adecuado para protegerlos a ellos y a sus familias de la peste negra.

El proceso se llamaba flagelación, y los hombres que prestaban el servicio se llamaban Flagelantes. Los hombres que prestaban el servicio usaban un látigo hecho con correas de cuero, normalmente con más de una correa en cada látigo. Los pueblos eran muy hospitalarios con estos hombres, ya que creían que era la única forma de librarse de la espantosa enfermedad que se estaba propagando. En los primeros días, también fue un cambio bienvenido a las vidas tan mundanas que vivían. A medida que la enfermedad comenzó a atacar más cerca de casa, la gente comenzó a ver a los hombres como una de las últimas formas posibles de ser salvados de sus pecados.

La popularidad de la flagelación comenzó a plantear un desafío directo a la Iglesia. Muchos de los hombres que ofrecían el servicio habían decidido proporcionarlo sin ninguna aprobación o autoridad de la Iglesia. Debido a que comenzaban a ganar en popularidad (y la Iglesia estaba perdiendo el respeto y el temor de la gente), estos hombres fueron vistos como un desafío directo a la Iglesia. Al año siguiente, cuando el número de muertes comenzó a disminuir, la creencia de que los pecados podían ser purgados a través de la flagelación rápidamente se desvaneció, y la práctica casi cesó.

Los flagelantes (los hombres que azotaban a la gente para ayudar a purgar sus pecados y mostrar su arrepentimiento sincero) son comúnmente vistos como fanáticos. Las enseñanzas de la Iglesia de que la gente debería arrepentirse se llevaron a cabo varios pasos más, y fueron bienvenidas porque ofrecían algún tipo de solución al pueblo, aunque no funcionara. Era similar a un placebo religioso. En algunos casos, estos hombres llevaron la plaga a los pueblos que visitaron, sellando el destino de muchos. Esto era obviamente en oposición directa a lo que estaban tratando de proporcionar. Por otro lado, también proporcionaron un servicio que ayudó a la gente a sobrellevar la situación, a sentir que estaban haciendo algo para prevenir la propagación de la plaga o para preparar su alma para la próxima vida. Dado que nadie podía explicar la causa, esto era lo máximo que podía hacer el gran porcentaje de la población.

Chivos expiatorios de la plaga

Además de matar a un gran porcentaje de las personas que la contrajeron, la peste negra inspiró a la gente a matar a otros. Aunque esto debería haber estado en directa oposición a las enseñanzas de Cristo, todavía había algunas personas que buscaban aprovechar la tragedia que se extendía por toda Europa.

Como ha sucedido repetidamente en la historia europea, uno de los principales chivos expiatorios fue la población judía. Como la Iglesia no tenía una explicación adecuada para el problema, ellos y otros en el poder comenzaron a culpar al pueblo judío en sus pueblos y ciudades, alegando que había una conspiración para extender la plaga por toda Europa. Se presentaron confesiones forzadas en el sistema legal en el que se afirmaba que importantes figuras de la comunidad judía admitieron haber puesto veneno en sus fuentes de agua. Hay incluso registros de algunos de estos procedimientos legales que sobreviven hoy en día, y muestran hasta dónde llegaría la gente en el poder para culpar a miembros judíos prominentes.

Se cree que el movimiento para culpar a la población judía de la peste negra comenzó en España y el sur de Francia. Se estima que de los 2,5 millones de judíos en Europa, un tercio vivía en esta región, y tenían una cantidad sustancial de riqueza. Estos miembros de la población no solo eran más acaudalados (creando celos sustanciales debido a su dinero y poder), sino que además tenían una gran educación. Entre sus muy diferentes posiciones económicas y sociales y sus creencias religiosas, eran un blanco bastante fácil. Los que querían más poder podían usar la idea de que el pueblo judío conspiraba contra los cristianos para que los que estaban en el poder pudieran robar su dinero y sus tierras. Los campesinos y los incultos seguían viendo al pueblo judío como la gente que mataba a su salvador, y probablemente creían que la misma gente no tendría ningún problema en matar a los cristianos.

La población judía se convirtió en un tipo de víctima completamente diferente de la época. Durante 1348, el rey Pedro de Aragón inició una violenta supresión del pueblo judío en Barcelona. Al menos 20 personas fueron asesinadas y sus hogares fueron saqueados, dos enseñanzas que fueron claramente condenadas por el Cristo que el rey proclamó seguir. Estallaron disturbios en otras ciudades de España, y más miembros de la comunidad judía fueron asesinados y sus propiedades robadas en nombre de la pacificación del Dios cristiano. Los judíos que vivían en España tenían sus propios lugares a los que podían huir dentro del país, ofreciéndoles protección contra la violencia perpetrada contra ellos.

Los judíos de otras partes de Europa eran tratados igual de mal, pero no tenían tanto poder o protección, a pesar de los intentos de otros en el poder. En Nápoles, la reina Juana trató de ayudar a aliviar algunos de los males cometidos contra la comunidad judía, pero sus funcionarios fueron expulsados por la gente de los pueblos donde se suponía que esos funcionarios debían hacer cumplir los impuestos.

Incluso el papa fue incapaz de proporcionar una protección adecuada. El 6 de julio de 1348, el papa Clemente VI emitió una bula que debía aplicarse a toda Europa occidental. Al final, solo terminó protegiendo a la comunidad judía de Aviñón y sus alrededores. La gente en gran parte del resto de Europa creyó en la propaganda que fue puesta en parte por señores y gobernantes menores que buscaban más poder y riqueza.

En toda Europa, el pueblo judío fue perseguido porque fue una de las pocas explicaciones que se dieron para el insondable desastre que se cobró vidas en toda Europa. Por supuesto, algunas personas se aprovecharon de la tragedia, pero un número mucho mayor de personas creían que el pueblo judío estaba propagando intencionadamente la enfermedad, a pesar de la falta de pruebas. Al igual que acogían a los flagelantes que venían a castigarlos por su propia culpa, el pueblo creía en la culpa de otro grupo de personas. No había ninguna razón real para lo que creían; mientras alguien estaba siendo castigado, la gente sentía que se estaba haciendo algo. A pesar de lo contradictorio que era creer tanto en su propia culpa como en la culpa de todo un pueblo de una religión específica, la gente de Europa estaba desesperada por una causa. Con la Iglesia fallando completamente en proporcionar una causa, solución, o incluso un consuelo adecuado, la gente rápidamente comenzó a perder la fe en las enseñanzas que previamente habían creído sin cuestionarlas. La persecución de la comunidad judía en toda Europa simplemente estaba agravando la tragedia inicial con otro tipo que mostraba lo peor de la humanidad.

Los médicos de la peste

Los médicos de la plaga son uno de los pocos símbolos de este período de tiempo que ha sobrevivido. Aparecen en videojuegos (como *Assassin's Creed II*), televisión, películas y otros tipos de medios. Aunque la gran mayoría de las personas que pudieron huir lo hicieron, los doctores fueron de los pocos que realmente trataron de proporcionar servicios científicos prácticos que pudieran minimizar la propagación y aliviar el sufrimiento.

A diferencia de los médicos actuales, su principal trabajo no era curar a los pacientes, aunque lo intentaban cuando las familias estaban lo suficientemente desesperadas por sus servicios. Los médicos especialistas en plagas solían pasar el tiempo vagando por las calles y registrando información sobre los muertos. Los pueblos y ciudades pagaban para que estuvieran allí, así que la mayoría de los médicos de la peste trataban a cualquier persona que encontraban que estuviera enferma. Algunos de ellos tenían formación médica, pero no había nadie en Europa que entendiera la causa, y mucho menos que pudiera proporcionar una verdadera protección contra la peste negra. Si se llamaba a un médico especialista en plagas, frecuentemente era como un último esfuerzo para salvar la vida de alguien. En el raro caso de que alguien sobreviviera a la enfermedad, realmente fue más suerte o un sistema inmunológico fuerte que cualquier cosa que el médico de la plaga hubiera hecho.

Además de trabajar para registrar el número de personas que habían muerto y alguna información básica sobre las víctimas, a veces se les pedía a los médicos de la peste que realizaran autopsias de los muertos. El propósito principal de utilizar un médico especialista en la peste para este servicio era tener la documentación legal de una muerte necesaria para fines legales, como los testamentos. Algunos médicos utilizaban su posición para extorsionar a sus pacientes. Sin embargo, es difícil imaginar que ese fuera el principal motivador para muchos. Era una profesión de increíble alto riesgo, con un número significativo de médicos de la plaga muriendo, ya que estaban constantemente expuestos a los muertos. Además de una tasa de mortalidad increíblemente alta para su profesión, eran vistos como un paria dondequiera que fueran. Su papel estaba tan entrelazado con la muerte que hoy en día la gente puede reconocerlos sin mucha información sobre su papel durante la peste negra. Su papel llegó con cierto prestigio porque estaban dispuestos a ir a lugares donde otros se negaban a ir y a interactuar con los que estaban en su lecho de muerte. Su papel fue tanto crítico como extraño durante uno de los tiempos más oscuros de la historia europea, y ha estado arraigado en las mentes de los europeos hasta el día de hoy. Esto ha llevado a los médicos de la peste a estar estrechamente relacionados con la muerte, la desesperación y la esperanza, siglos después de haber comenzado su morboso trabajo.

Capítulo 6 - El ecualizador final

Tras el fracaso de la Iglesia para proporcionar una explicación adecuada de la enfermedad que estaba destruyendo tantas vidas, las muertes de personas que estaban en posiciones de alto rango y poder pronto comenzaron a demostrar que el problema no era solo de la gente común. Inicialmente, el problema se explicó fácilmente como algo que solo afectaría a la gente de las ciudades portuarias. Luego se convirtió en un problema para aquellos que fraternizaban con personas con moral comprometida.

Con la progresión del tiempo, pronto se hizo evidente que la enfermedad iba más allá de la comprensión. Altos miembros de la Iglesia sucumbieron a la enfermedad, demostrando que eran corruptos o que la Iglesia no entendía realmente la causa. Los monarcas que reclamaban un derecho divino del pueblo se convirtieron en víctimas, demostrando que no tenían la protección divina que reclamaban para sí mismos. Frente a la plaga, nadie era inmune. Fue uno de los primeros casos de muerte como ecualizador que Europa había experimentado en siglos, y esto fue difícil de aceptar para muchas personas, especialmente porque muchos de ellos eran conscientes de su progresión hacia Europa. No esperaban que llegara a sus tierras, e incluso si lo hacía, creían que sus recursos y su estatus los salvaría.

Cómo los ricos y poderosos buscaron escapar de lo inevitable

Los ricos y poderosos sintieron que deberían haber sido capaces de escapar de las garras de la peste negra. Con todo su dinero, deberían haber sido capaces de ir a un lugar donde la muerte no los encontrara. El problema era que no existía tal lugar. Para cuando la gente supo que lo había contraído, todos los que estaban a su alrededor podían haber estado expuestos. Incluso si tenían la peste bubónica, la prevalencia de las pulgas y otras plagas dificultaba el escape de la enfermedad. Eso no significaba que no lo intentaran.

El papa Clemente VI mantuvo su lugar en Aviñón lleno de humo para que el aire no oliera a la plaga y cualquier problema potencial asociado con el aire fuera eliminado por el humo. Él era una de las muchas personas que creían que el olor de la plaga podía enfermar a una persona, sin entender que el problema eran las partículas en el aire. El olor del humo no era agradable, pero él creía que evitaría la enfermedad que mataba a tantos. Aunque hoy es obvio que este método no fue la razón por la que no contrajo la enfermedad, fue una forma mucho más progresiva de tratar de evitar la aflicción que algunos de los intentos de otras personas en posiciones de poder.

El método más exitoso fue implementado en unas pocas ciudades selectas por personas que eran aún más previsoras. Las cuarentenas se tratarán en un futuro capítulo porque no fueron implementadas únicamente por los ricos y poderosos. Sin embargo, fueron las personas en posiciones más altas las que fueron capaces de implementar y hacer cumplir el estricto control que evitó que la plaga entrara o saliera de una ciudad o pueblo.

La mayoría de las personas que tenían la capacidad de huir lo hicieron, pero eso no siempre resultó tan bien como esperaban. Una de las mejores representaciones de esta lógica errónea fue descrita siglos después por Edgar Allan Poe. Su cuento corto "La Máscara de la Muerte Roja" se inspiró en la incapacidad de escapar de la peste negra. Su historia es una obra de ficción, pero las ideas y los problemas que la gente enfrenta en la historia reflejan lo mucho que algunas personas trataron de escapar de la muerte solo para descubrir que no había ningún lugar a donde ir. La muerte no se dirigió a ningún tipo de grupo social, clase, género, raza o religión. No podía ser negociada o sobornada. Tratar de huir de ella demostró ser casi tan ineficaz.

La vergüenza de los derechos divinos

Muchos de los que alcanzaron la corona habían ganado sus posiciones por estar relacionados con alguien que había reclamado el trono por medio de sangre y engaños. Algunos de ellos creían firmemente que su Dios les había ordenado ser gobernantes legítimos debido a su linaje. Una señal obvia de que no creían completamente en esa mentira es la cantidad de luchas internas que ocurrieron a lo largo de los siglos, con miembros de la familia matándose unos a otros para reclamar tronos en toda Europa.

Uno de los problemas que no consideraban como una amenaza a su papel como monarca era la peste negra. Incluso cuando se extendió por toda Europa, muchas personas en los tronos creían que no podía afectarlos. Después de todo, las mayores amenazas a la realeza eran otros miembros de la realeza. La peste negra pronto probaría que había otros aspectos en el mundo que podrían poner en duda la creencia de que cualquier humano fue colocado en un trono por el derecho divino a estar allí. Si su Dios había querido que ellos tuvieran ese papel, se les debería haber permitido continuar en él durante una vida natural (o hasta que un miembro de la familia los matara). Esto ya no estaba garantizado una vez que la plaga comenzó a reclamarlos.

La muerte de una reina, una princesa y un rey

Las personas que afirmaban tener el derecho divino de gobernar deberían haber sido inmunes a la plaga basándose en sus afirmaciones. La peste negra demostró que esto era una farsa, aunque se necesitarían unos cuantos siglos más para que las clases bajas comenzaran a llamar a la realeza de alguna manera significativa. Lo que hizo fue exponer los problemas fundamentales que la realeza había trabajado tan duro para hacer que la gente olvidara cuando pasaban sus títulos a través de las generaciones.

Aunque los registros no están tan bien preservados, se cree que la peste negra se llevó a miembros de varias familias reales. La reina consorte de Pedro IV, el rey de Aragón, murió, así como una de sus hijas y una de sus sobrinas. Las tres mujeres murieron en un lapso de seis meses.

Sin embargo, una de las muertes más notables fue la de un rey. No se ha documentado mucho sobre Alfonso XI de Castilla, por lo que los historiadores de hoy no tienen mucha información sobre lo que pasó en vida. Nacido en 1311 o 1312 (los registros varían), solo era un niño cuando su padre, Fernando IV de Castilla, murió. Su reino fue gobernado por regentes hasta que se convirtió en adulto en 1325.

Definitivamente hubo varios conflictos militares que ocurrieron durante su reinado. Él creía que había habido un declive en la caballería, y trató de restaurar lo que consideraba un comportamiento adecuado a través de reformas. Trató de hacer varios otros cambios clave a través de la reforma durante su reinado. Algunas de sus reformas fueron populares y consolidaron su poder. Como rey, extendió el alcance de su reino al estrecho de Gibraltar. Esto demostró que podía comandar y controlar sus fuerzas militares. Su hijo, el futuro rey Pedro, sería mucho más despiadado, y para 1350, parecía haber una lucha de poder que crecía en el país.

Entonces el rey cayó enfermo en marzo de 1350. Las fuentes dicen que se había convertido en una víctima más de la peste negra.

La belleza y el cerebro de Francia

Una de las más desafortunadas bajas de un miembro de la familia real ocurrió en Francia. El rey Felipe VI pasó gran parte de su tiempo luchando en guerras y en otro tipo de campañas, dejando a su esposa para gobernar el país. Su esposa, la reina Juana la Boiteuse, demostró ser más que adecuada en su papel como su reemplazo. Francia no solo se las arregló para sobrevivir sin su rey, sino que parecía prosperar. Ella era más que capaz como regente en su ausencia, y la gente la veía como la verdadera gobernante porque era la que estaba presente para cuidar del país. Entonces, en diciembre de 1349, comenzó a mostrar signos de haber contraído lo impensable. Pero los signos eran claros, y no sobrevivió una semana después de que se presentaran sus síntomas.

Durante el siguiente siglo, la plaga comenzaría de nuevo, y derribaría las líneas reales en toda Europa.

Dos pájaros de un tiro - La dificultad de cumplir con el papel de Arzobispo de Canterbury

Entre los casos más desconcertantes de lo que se llegaría a percibir como los fallos de la Iglesia fue la muerte de algunos de los miembros del clero de más alto rango. Durante el siglo XIV, Inglaterra seguía siendo parte de la misma iglesia que existía en el continente (Enrique VIII no gobernaría durante casi otros 200 años, y fue durante su reinado que Inglaterra se separó de la Iglesia católica), por lo que el clero inglés era parte de la organización más amplia de la religión cristiana en el continente. La Iglesia había experimentado una gran agitación durante el último siglo, y después de la muerte del último papa (Bonifacio VIII), los franceses habían logrado ganar más poder, quitándole a Roma parte del poder religioso. Por ejemplo, la mayoría de los cardenales que asumieron el poder después de la muerte de

Bonifacio VIII eran franceses. Intentaron crear su propia sede religiosa en Francia y colocar al siguiente papa en el Palacio de Aviñón.

La lucha por el poder en la Iglesia era todavía un gran problema durante la década de 1340. Con tantos miembros franceses del clero en el poder, tenían mucha influencia sobre muchas otras naciones. Thomas Bradwardine era un clérigo inglés que viajó a Aviñón para visitar al papa Clemente VI. Bradwardine iba a ser bendecido como Arzobispo de Canterbury. Durante su estancia en Francia, Bradwardine había pasado una cantidad considerable de tiempo viajando a pie y a caballo por todo el país para conocer los lugares de interés y la cultura. Como iba a asumir la mayor posición de poder dentro de la Iglesia en su país, Bradwardine estaba haciendo contactos y conexiones para ayudarle en futuros esfuerzos.

Bradwardine era consciente de que no había sido la primera opción para el papel del Arzobispo de Canterbury. A pesar de que Bradwardine había sido su confesor y consejero cercano, el rey inglés Eduardo III había rechazado su nominación para el puesto. Aunque se desconoce la razón exacta del rechazo de Eduardo a la nominación, es probable que fuera porque era consciente de que sus monjes solo habían hecho la nominación para complacerlo, no porque consideraran que Bradwardine estaba calificado (aunque Bradwardine estaba más que calificado para el puesto). El gesto de rechazar la nominación y en su lugar aprobar a otra persona hizo que el rey pareciera magnánimo. Eduardo III eligió a John Offord, el hombre que encabezaba la administración real. Offord no estaba calificado para el puesto, ciertamente no tan calificado como Bradwardine, así que la elección sorprendió a todos. Aun así, la gente no solía cuestionar al rey como se decía que era nombrado por su Dios. Antes de que pudiera recibir la bendición del papa, Offord contrajo la peste y murió en 1349.

Con Offord muerto, Bradwardine recibió la aprobación del rey y se fue a Francia para recibir la bendición que su predecesor no vivió para recibir. Así como los monjes que habían elegido a Bradwardine no detuvieron la elección de Offord, ahora el papa Clemente VI no podía rechazar a Bradwardine. Esencialmente, los papas tenían que bendecir a quien el rey designara. Así fue como pudieron retener tanto poder a lo largo de los siglos, y dos siglos más tarde, la insistencia de los papas en hacer las cosas a su manera resultaría en una nueva división de la Iglesia. Durante el siglo XIV, aún trabajaban para mantener el equilibrio, así que consagraban a casi cualquier persona que los reyes eligieran. Como el mismo Clemente VI dijo, no importa a quién enviara el rey, aceptaría el nombramiento, aunque el rey eligiera a un asno.

A diferencia de otros hombres elegidos para el más alto cargo religioso en Inglaterra, Bradwardine estaba increíblemente cualificado. En realidad había servido a la Iglesia durante años y sabía cómo se debían hacer las cosas. Es extraño que el papa eligiera burlarse del nombramiento llevando un asno montado por un payaso a la fiesta que seguía a la consagración. En señal de burla, el payaso buscó un nombramiento para el burro para el puesto de arzobispo.

Después de las celebraciones, Bradwardine se fue para volver a Inglaterra. Buscó una audiencia con el rey, como era la tradición del nuevo arzobispo después de su consagración. Dos días después de que llegara en Dover, se fue para comenzar su trabajo en Rochester. La mañana siguiente a su llegada a la diócesis, el nuevo arzobispo de Canterbury enfermó de fiebre. Inicialmente, se pensó que el hombre de 49 años estaba simplemente fatigado por todos sus viajes. Sin embargo, esa tarde, los bubones comenzaron a aparecer, los primeros signos de que el nuevo arzobispo no mantendría su posición por mucho tiempo. Tomó cinco días, pero el 26 de agosto, el nuevo arzobispo sucumbió a la enfermedad que había contraído mientras estaba en Francia.

A pesar de los altos riesgos de mantener un cuerpo contaminado por la plaga en la superficie, muchas de las personas que lo conocían insistieron en que el cuerpo del arzobispo fuera enterrado en Canterbury, donde nunca tuvo la oportunidad de cumplir su papel. Fue un viaje de 20 millas que tuvo que ser hecho usando un carruaje tirado por caballos con un cadáver marcado por la más peligrosa y aterradora enfermedad de la época. Esto demuestra lo bien que lo consideraban sus pares ingleses, sobre todo después de la poco amistosa recepción en Francia. No solo había sido un respetado miembro del clero, sino que también tenía un considerable poder político y era adepto a numerosos aspectos de la política de la isla.

Esto demostró que la enfermedad podía derribar incluso a los más respetados y aparentemente rectos miembros de la Iglesia. Lo que hizo la muerte de Bradwardine aún más devastadora fue que siguió a la muerte de una princesa inglesa. El siguiente capítulo cubre la pérdida que precedió a la trágica muerte del nuevo arzobispo, pero su muerte fue lo que realmente enfatizó lo poco que la Iglesia entendía sobre la enfermedad que estaba matando a la gente en todo el continente.

Capítulo 7 - Robando el futuro - La princesa Juana

Si bien hubo muchas figuras más grandes que la vida que se convirtieron en víctimas de la peste negra, hubo una persona que sigue siendo un ejemplo de lo cruel que fue la enfermedad. No importaba quién fuera la persona, su estatus social o su edad. Era una enfermedad devastadora que robaría el presente y el futuro de muchas personas. Pocas muertes de figuras poderosas fueron más impactantes y trágicas que la de la princesa Juana de Inglaterra.

La vida de una mujer noble, particularmente una de la familia real, ya era difícil. No se esperaba que trabajasen en el campo como mujeres de otras clases, pero su futuro tampoco era precisamente brillante. Sus padres elegían con quién se casaría. Una vez casadas, su principal propósito era producir herederos para sus maridos. A diferencia de hoy en día, la vida media de una mujer de una posición alta era menor que la de su marido. La mayoría de ellas moriría al dar a luz.

Aun así, el matrimonio arreglado de la hija del rey de Inglaterra era prometedor. El padre de la princesa Juana la amaba, y aunque el matrimonio era definitivamente un movimiento político, parecía que había elegido un príncipe que quería que su hija se sintiera cómoda (por lo menos). Había muchas promesas para el futuro de Inglaterra y Castilla, ya que ambos países planeaban casar a sus hijos. Era una forma más de que la plaga alterara la historia del continente.

El rey Eduardo III y un mundo en guerra

Para entender mejor el significado del matrimonio arreglado de la princesa Juana, es importante conocer el mundo que su padre creó. La princesa Juana era la hija de uno de los reyes ingleses más notables de la historia europea, el rey Eduardo III. Hijo del rey Eduardo II e Isabel de Francia, no se sabe mucho sobre la infancia de Eduardo después de su nacimiento en 1312. El primer acontecimiento importante de su vida ocurrió en 1327 cuando tenía 14 o 15 años. Su madre y Roger Mortimer (su amante) depusieron con éxito a su padre, instalando a Eduardo III como rey. Juntos, la reina consorte y su amante actuaron como gobernantes porque el nuevo rey era claramente demasiado joven para dirigir un reino. Un año después de ser instalado como rey, Eduardo se casó con Philippa de Hainault. El reinado de los amantes terminó justo tres años después de que tomaran el poder en 1330. El rey Eduardo III tenía ahora 18 años, y como su madre, no tenía miedo de actuar. Mortimer fue ejecutado, y desterró a su madre de su corte.

Eduardo III fue uno de los monarcas más hábiles de su tiempo y durante su larga estancia en el poder. Pertenecía a la Casa de Plantagenet que incluía a muchos de los monarcas más notables de la historia británica. La dinastía descendió de Geoffrey V de Anjou, cuyo hijo, Enrique II, se convirtió en rey de Inglaterra en 1154. La Casa de los Plantagenet duraría hasta 1485, 108 años después de la muerte de Eduardo III. El último de los Plantagenet fue el rey Ricardo III, que fue famoso por convertirse en villano a manos de William Shakespeare, quien trabajó para complacer a los monarcas de su tiempo que pertenecían a la increíblemente memorable Casa de los Tudor. Antes del ascenso de la Casa de Tudor y Enrique VIII, el rey Eduardo III fue uno de los gobernantes más despiadados y carismáticos de la historia inglesa.

En ese momento, Inglaterra había reclamado tierras en Francia, pero los territorios que pertenecían a Inglaterra eran frecuentemente disputados por el rey de Francia. A los 28 años, el rey Eduardo III comenzó a luchar por las tierras que reclamaba en Francia. Al tomar el título de rey de Francia en 1340, el rey inglés comenzó una de las guerras más infames de la historia europea: la guerra de los Cien Años. Francia, sin embargo, tenía su propio rey, y luchó contra Eduardo III durante los primeros años de la guerra. Esta guerra no fue continua, y hubo años en los que hubo poca o ninguna lucha. Sin embargo, la razón por la que la guerra comenzó no se resolvería hasta más de un siglo después.

Eduardo trajo a su hijo Eduardo, comúnmente conocido como el Príncipe Negro, a Normandía para luchar por sus tierras reclamadas. Tuvieron éxito en expulsar a los franceses de Crecy y luego tomaron la ciudad portuaria de Calais. Su hijo se había ganado su apodo por su armadura, y muchos creían que tenía un corazón negro por su ferocidad dentro y fuera del campo. Sin embargo, el Príncipe Negro nunca llegaría al trono. Moriría alrededor de un año antes que su padre, quien finalmente moriría en 1377.

Eduardo III fue como un azote para muchas de las personas que vivían en la campiña francesa, ya que sus mercenarios y guerreros vagaban frecuentemente y tomaban lo que necesitaban o querían. Sus métodos son ciertamente vistos como crueles y despóticos hoy en día. Sin embargo, durante este período de tiempo, Eduardo III fue visto como uno de los monarcas más caballerosos y constitucionalmente impulsados porque se adhirió a las constituciones que su padre y abuelo habían ayudado a forjar o fueron obligados a aceptar. Dado el hecho de que su padre era un gobernante débil (ya que fue depuesto por su esposa y su amante), Eduardo III ciertamente pudo haber sentido que las cuerdas puestas en su padre podrían haber sido ignoradas. Como gobernante fuerte, no habría sido del todo sorprendente que Eduardo III decidiera ignorar los acuerdos de sus predecesores con el pueblo inglés (particularmente los nobles). Pero no lo hizo, sino que honró esos acuerdos y requisitos casi al pie de la letra. Naturalmente, este rey casi siempre conseguía lo que quería, pero comparado con muchos otros gobernantes de su tiempo, al menos parecía adherirse a las reglas establecidas ante él. Gran parte de la forma en que lo vemos hoy en día puede atribuirse a la evolución en el pensamiento de lo que debe ser un gobernante, y la aplicación de ese pensamiento de forma retroactiva no deja a ningún gobernante con un aspecto particularmente bueno. Habiendo comenzado la guerra de los Cien Años, el rey Eduardo III fue un gran luchador, pero también fue un producto de su tiempo y una dinastía notoria por ser despiadado o inepto. Había muy pocos en la Casa de Plantagenet que no estuvieran en uno u otro extremo del espectro.

Eduardo III tuvo 13 hijos. Con una población de Inglaterra que representaba un tercio de la de Francia, la victoria requeriría algo más que destreza militar; el rey necesitaba aprovechar a sus hijos para hacer alianzas que le ayudaran a mantener lo que había ganado y asegurar futuras campañas exitosas. Su hija, la princesa Juana, fue prometida a Pedro de Castilla, hijo de uno de los monarcas más poderosos de Europa (Alfonso XI) en 1345 cuando tenía solo 11 o 12 años. La alianza habría preparado el escenario para la eventual fusión de Inglaterra, Gales, Francia y Castilla.

Cuando tenía 15 años, la princesa Juana y un gran séquito viajaron desde Inglaterra para casarse con su prometido. Su padre siempre estaba planeando el futuro, y eso incluía planes para su dinastía mucho después de su muerte. Sin embargo, no solo utilizaba a su hija para promover las demandas de su familia, sino que más tarde parecería que realmente amaba a su hija. Es muy posible que tratara a sus hijos mucho mejor de lo que sus padres parecían haberle tratado, y no era el monstruo para ellos que sería considerado por aquellos contra los que luchaba.

Preparándose para una celebración

El matrimonio de la princesa Juana de 15 años fue visto como un evento significativo y una distracción de la guerra y la peste que había descendido sobre las tierras. Hoy en día, 15 años es ciertamente visto como demasiado joven para el matrimonio, pero era una edad común para el matrimonio durante la Edad Media. Las mujeres de las familias reales raramente sobrevivían a sus maridos, frecuentemente muriendo en el parto o por infecciones después del nacimiento de un hijo. La esperanza de vida de Juana habría sido de unos 30 años, por lo que ya era esencialmente de mediana edad. Dado que el propósito principal de la reina era producir hijos, y que el embarazo era un gran riesgo tanto para las mujeres como para los niños, era importante que una princesa se casara lo más joven posible mientras su cuerpo fuera más resistente y tuviera más tiempo para producir tantos hijos como su cuerpo pudiera soportar.

Sin duda, el matrimonio era un evento calculado para promover el linaje de Eduardo III, pero también era un momento festivo. El rey envió un séquito muy grande con su hija para protegerla y ayudarla a sentirse cómoda al comenzar su nueva vida. Mucho se escribió sobre su viaje desde Portsmouth, Inglaterra, a Burdeos, Francia. Para permitirle a su hija todos los lujos, la procesión incluía una capilla portátil. Esto ayudaría a evitar que se mezclara con la gente más común de las iglesias locales. Sería atendida por el sacerdote más notable de Burdeos, Gerald de Podio. Él se encargaría de todas sus necesidades espirituales antes de la boda. Los juglares la acompañaron, incluyendo al favorito del príncipe Pedro. Había previsto que su juglar favorito ayudara a su futura esposa a conocer mejor la música y las costumbres de sus tierras (su futuro hogar). Esto muestra una interesante conexión en el hecho de que el futuro rey estaba intentando, incluso antes de la boda, crear un futuro mejor para su novia.

Más importante aún, ella tenía una fuerte guardia protectora. Considerando su reputación en algunas partes de Francia y el hecho de que algunas de las regiones donde la comitiva viajaría eran puntos calientes para los criminales, el rey había enviado más de 100 arqueros para acompañar a su hija. Esto incluía hombres que habían luchado con él durante su victoria en Crecy. Incluir a esos guerreros en el cortejo nupcial también habría sido un recordatorio para el rey de Francia de sus propios fallos para que no intentaran atacarlos. Ciertamente habría observado con horror, sabiendo que no podía detener el matrimonio entre sus rivales ingleses y castellanos. Habría sido un día muy oscuro para la monarquía francesa si las cosas hubieran ido de otra manera.

Su vestido de novia era un lujoso vestido de terciopelo rojo. Se añadieron joyas y diamantes al vestido y otras prendas que debía llevar antes de la boda. La riqueza y los bienes enviados con su hija requerirían esencialmente su propio barco. Esto sirvió para dos propósitos. Primero, mostraba su propia riqueza a los nuevos suegros. Segundo, era para mostrarle a su hija que la amaba y que no escatimaría en gastos para lo que debería haber sido uno de los días más memorables de su vida.

Todo estaba preparado mientras ella viajaba al sur, donde se iba a celebrar su boda. Cuando su comitiva llegó a Burdeos, todo parecía ir según lo planeado. La futura novia tenía un vestido de novia que sería la envidia de aquellos que lo vieran. Viajaba con comodidad, y la gente que la rodeaba parecía preocuparse honestamente por su bienestar. Desafortunadamente, el momento no pudo ser peor, ya que su comitiva llegó al mismo tiempo que la peste negra llegaba a Burdeos. A pesar de haber sido advertidos a su llegada, la comitiva sintió una falsa sensación de seguridad. Ya sea por su posición o porque Inglaterra no había visto aún los horrores de la plaga, fue una advertencia que debían atender de la cual se enteraron demasiado tarde.

Una cuestión de tiempo - la celebración se convierte en una tragedia

La princesa llegó con su enorme séquito en agosto de 1348. Ella y tres de sus funcionarios más importantes fueron escoltados por el alcalde, quien trató de hacer que se sintieran lo más cómodos posible. Pasarían su tiempo en el Chateau de l'Ombrière, un castillo que había sido construido por los Plantagenets y que daba al estuario. De pasada, el alcalde mencionó que la peste había estado creando problemas para la gente de Burdeos. Aparentemente alejado del problema, esto fue probablemente visto como una desgracia que no planteaba problemas al séquito de la princesa Juana más allá de quizás causar problemas con la comida u otros detalles menores.

En realidad, la peste negra ya se estaba apoderando de una gran parte de la población de Burdeos. Los cadáveres de las víctimas se apilaban en las calles y cerca de los muelles, creando una escena muy macabra. A pesar de la advertencia del alcalde de que la peste empezaba a ser un problema de mayor importancia, el cortejo de la boda continuó con sus planes. Les pareció de poca importancia que las clases bajas sufrieran porque no se pensaba que la plaga fuera una amenaza directa para ellos.

Desafortunadamente, el castillo estaba cerca de uno de los lugares donde se arrojaban los cadáveres. Las ratas, las plagas y las mascotas se daban un verdadero festín en los muelles y luego muy posiblemente hacían un viaje al castillo para comer lo que encontraban entre las sobras dejadas por la gran fiesta de la boda. Instalados en un área tan cercana a la plaga, el cortejo la boda no tuvo ninguna posibilidad.

Uno de los primeros en enfermar y morir fue su consejero, Robert Bourchier. La princesa Juana probablemente vio con horror como muchos en su séquito empezaron a enfermar, y sus cuerpos se convirtieron en horribles recordatorios de que nadie era inmune. El primer miembro importante de su cortejo murió el 20 de agosto.

Menos de dos semanas después, la propia Juana cayó enferma. Murió el 2 de septiembre, aunque algunos autores sitúan su muerte en el 1 de julio. La noticia fue enviada inmediatamente a su padre, y él se enteró el 1 de octubre de la muerte de su hija y con ella sus planes futuros para su linaje. Su otra hija para llegar a la edad adulta ya había sido casada con un lord inglés para reforzar sus lazos en casa.

Eduardo III tuvo entonces la tarea de hacer saber al rey Alfonso XI de Castilla lo que había sucedido mientras su hija viajaba hacia su nuevo hogar. Su carta aún sobrevive hoy en día y muestra que realmente sintió verdadero dolor por su pérdida, no solo porque había destruido sus planes de futuro. Tan despiadado como era como rey, era un humano (como señala en su carta), y la pérdida de su hija parecía haberle golpeado bastante fuerte. Liberó al rey Alfonso XI del acuerdo matrimonial, permitiéndole encontrar otra novia para su hijo.

Lo que sucedió con el cuerpo de la princesa no está documentado. Dada la magnitud de las muertes causadas por la peste negra, es casi seguro que su cuerpo fue quemado junto con muchas de las otras víctimas. Extrañamente, el cuerpo de Bourchier fue enviado de vuelta a Inglaterra donde fue enterrado. Sin embargo, él fue la primera víctima notable, y el cortejo de la boda debió pensar que tenían el lujo del tiempo. Tal contacto con su cuerpo habría ayudado a extender la plaga dentro del cortejo. Para cuando la princesa murió, la plaga ya había arrasado con la mayoría de ellos, dejando un grupo mucho más pequeño de personas para cuidar su cuerpo. Su padre intentó que su cuerpo fuera llevado a casa. Después de enterarse de la muerte de Juana, Eduardo III pagó mucho más de lo necesario a uno de sus obispos para ir y recuperar su cuerpo para que pudiera ser enterrado cerca de casa. Se desconoce lo que pasó, pero es casi seguro que el obispo no recuperó el cuerpo. El entierro de la princesa habría sido registrado junto con otros eventos notables de la época, pero no hay registros de ello. El obispo pudo haber decidido que era demasiado arriesgado y se escondió durante el tiempo en que se suponía que estaba fuera. Tal vez lo intentó, pero fue comprensiblemente infructuoso. Para cuando el rey le pagó, era finales de octubre, casi dos meses desde que ella había muerto. La gente de Burdeos no habría permitido que un cadáver de la peste permaneciera sin enterrar o sin quemar durante un período tan largo de tiempo de todos modos. Este es el escenario más probable, ya que la ciudad portuaria tomó medidas extremas mientras la plaga seguía cobrándose vidas. De hecho, comenzaron a quemar los cadáveres de las víctimas de la plaga, lo que dio lugar a un incendio que se descontroló y quemó partes importantes de las residencias y hogares cercanos al puerto. Esto incluyó el castillo donde Juana había estado alojada. Para cuando el obispo llegó, no quedaba ningún cuerpo para llevar a casa.

Sin duda, la muerte de la princesa Juana habría sido considerada afortunada por el rey francés. La amenaza de una alianza entre dos de sus mayores rivales fue disuelta, aparentemente por intervención divina. El Príncipe Negro y otros de la línea Plantagenet buscarían tomar partes de España por la fuerza, pero ninguna otra alianza matrimonial tuvo éxito con Castilla.

Para el rey Eduardo III, la amenaza de la plaga se hizo mucho más obvia. Habiendo perdido a su hija por ella, se hizo mucho más consciente de los riesgos potenciales de la enfermedad. Ahora plenamente conscientes de lo devastador y rápido que la enfermedad se cobró vidas, él y el Príncipe Negro dejaron la densamente poblada ciudad de Londres por una pequeña casa en el campo cuando la plaga llegó a Inglaterra. Cuando el Arzobispo de Canterbury murió de la enfermedad al año siguiente, el rey ya era muy consciente de los riesgos y tomaba todas las precauciones posibles para proteger al resto de su familia de los efectos.

La pérdida de su hija también llevaría eventualmente a una comprensión más compasiva de la plaga. El rey Eduardo III tenía un sitio de entierro masivo establecido para las víctimas de la peste negra. Por supuesto, había aspectos prácticos en esto, pero no había muchos gobernantes que trabajaran activamente para proporcionar un lugar de entierro en terrenos consagrados. Solo dos años después de la muerte de Juana, Eduardo III compró y estableció un cementerio de la peste cerca de la Torre de Londres. Luego estableció una capilla que dedicó a la Virgen María.

Este nivel de cuidado podría parecer contrario al despiadado monarca que muchos piensan hoy en día cuando hablan de Eduardo III. Era un monarca de una época muy diferente que seguía reglas muy distintas. Habiendo visto a su padre ser depuesto por su madre, fue más que probable que fuera una marioneta de sus caprichos durante tres años mientras otro hombre asumía el lugar de su padre. Esto indudablemente ayudó a preparar el escenario para el hombre en el que se convertiría. Para 1350, se había establecido con éxito como un poderoso monarca en Europa, pero a un alto costo. La pérdida de su hija se habría sentido en un nivel muy personal y no solo por la política. Aparentemente era mejor padre para sus hijos que su ineficaz padre y su cruel madre. La muerte de Juana le hizo mucho más compasivo con aquellos que sufrieron el mismo destino. Muy consciente de que podría haberse convertido fácilmente en una víctima, o podría haber perdido la vida en cualquiera de sus campañas militares, había mucho que agradecer al rey en ese día de 1350 cuando él y el resto de su familia no cayeron enfermos. La gente que trajo la noticia de su muerte pudo ser portadora, trayendo la plaga literalmente directo a él. Su gratitud por haberse salvado se reduciría considerablemente en los próximos años cuando la plaga pareciera dejar de ser una amenaza, pero ocasionalmente aumentaría el dinero destinado al mantenimiento del cementerio y la capilla que había establecido. Mientras moría en 1377, finalmente cumplió las promesas que había hecho antes para las tierras y estableció servicios dedicados a las víctimas de la plaga, mostrando que mientras moría, la muerte de su hija aún estaba en su mente. Como creía que iría a verla en la próxima vida, quizás sintió que necesitaba cumplir su promesa.

Capítulo 8 - Declive de la Iglesia católica y el ascenso del misticismo

La creencia inicial en la Iglesia católica comenzó a decaer rápidamente después de que los efectos de la peste negra no mostraran signos de detenerse. A medida que la gente seguía las instrucciones de sus sacerdotes, tenían la esperanza de que las cosas empezaran a mejorar. Era fácil creer que tal vez se habían desviado del camino ordenado por su Dios, por lo que la expiación debería haber resultado en su apaciguamiento.

En lugar de que su mundo se volviera más estable, la plaga continuó extendiéndose. Se movió desde las ciudades costeras y puertos hacia el interior, matando a la gente que vivía en las ciudades que salpicaban el paisaje. El hecho de que su clero local no se salvara hizo que la gente empezara a cuestionar a la Iglesia que los instruía en su vida diaria. Si el clero que servía a su Dios vengativo no se salvaba, entonces el problema claramente iba más allá de los pecados de unas pocas personas.

Entonces, las principales figuras religiosas y políticas comenzaron a sucumbir a la espantosa muerte que se suponía era un castigo para las personas que eran inmorales. Cuando la gente vio morir a importantes figuras que supuestamente habían sido ordenadas por su Dios, quedó claro que la Iglesia no tenía la solución a la peste que se extendía por la tierra. Como ya no podían creer en la Iglesia para producir una causa o solución real para la peste negra, la gente comenzó a buscar las respuestas en otra parte.

La vida antes de la peste negra

Como se expuso anteriormente, la gente del siglo XIV vivía en gran parte en sociedades agrarias. La tierra era propiedad de los monarcas, la nobleza y el clero. Se asumió que su ascenso al poder era una señal de la aprobación del Dios cristiano. Como la gran mayoría de la población europea luchaba por vivir día a día y era en gran parte inculta, creían lo que decían los de las instancias superiores. Se vieron obligados a participar en guerras para las cuales los plebeyos no ganaban casi nada, y estuvieron sujetos a los caprichos de los dueños de las tierras. Bandidos, merodeadores y mercenarios vagaban por la tierra junto con los recaudadores de impuestos. Todos estos grupos manejaban su comercio a través de la violencia para obtener lo que pensaban que se les debía o merecían.

A través de toda la miseria, la Iglesia proporcionó la esperanza de algo mejor si la gente simplemente vivía de acuerdo a la voluntad de Dios. Si podían soportar la miseria en esta vida, una vida mejor les esperaba. Después de todo, Jesús había prometido que los mansos heredarían la tierra, y no había nadie tan manso como la gente que trabajaba en los campos y administraba el ganado. La promesa de algo mejor era suficiente para ayudarles a ser complacientes. Sus señores les proporcionaron cierta protección, y pudieron alimentarse la mayor parte del tiempo. El hambre, la guerra y las enfermedades ocasionalmente hacían la vida casi insoportable, pero esos incidentes eran típicamente de corta duración, dejando suficiente gente para comenzar a reconstruir la sociedad de nuevo.

A medida que las ciudades crecían, también llegaba la esperanza de una vida mejor antes de la muerte. La gente comenzó a darse cuenta de que había más dinero y oportunidades si se convertían en mercaderes, sirvientes de la nobleza o marineros. Había riesgos, pero normalmente los riesgos no eran mucho peores que los que enfrentaban como agricultores y pastores. Esto atrajo a un número cada vez mayor de personas a las ciudades, dejando algunos de los campos con menos trabajadores. Antes de la peste negra, las cosas se volvían más difíciles para la gente que se aferraba a la forma de vida agraria, pero la vida aún era manejable. Aquellos cuyas familias tuvieron éxito en las ciudades, podían proporcionar mucho más dinero que si se hubieran quedado para ayudar con el trabajo en el campo y con el ganado. Los que estaban dispuestos a arriesgarse a morir en el mar o en el extranjero eran los que más ganaban, y muchos de los hombres de negocios más afortunados o inteligentes pudieron cambiar de clase a medida que crecían las ciudades portuarias. El negocio del comercio ofrecía algo nuevo: bienes que no se habían visto en el continente durante mucho tiempo. Con la migración de personas a estos puertos, había un número creciente de comerciantes, aumentando la demanda de bienes extranjeros.

Sin embargo, la vida seguía siendo difícil. Las condiciones en las ciudades eran terribles (y un gran factor que contribuyó a la fácil propagación de la peste negra). Las prácticas sanitarias habían disminuido sustancialmente en la mayor parte de Europa después de la caída de Roma, y la gente rara vez se bañaba, y sus desechos se desechaban en todos los pueblos y ciudades. La gente se bañaba en cuerpos de agua, y si esos cuerpos se encontraban aguas abajo de donde los pueblos y ciudades estaban desechando los cadáveres de la peste, se estaba exacerbando el problema. Las casas eran pequeñas y no muy seguras, y era difícil vivir en barrios estrechos. La gente siempre había sido enseñada por la Iglesia que si querían planear su futuro en el cielo, tenían que soportar la miseria del aquí y ahora para sembrar mejores recompensas más tarde; en otras palabras, después de su muerte. Ahora tenían la oportunidad de cosechar los beneficios durante su vida en lugar de después de su muerte. Era atractivo, y resistieron la incomodidad y los problemas de las condiciones de vida porque se les prometía algo mejor pronto.

Entonces la peste negra llegó a sus costas, y todo cambió.

Prestigio perdido

A medida que la plaga entró en Europa y comenzó a extenderse, la gente pudo persuadirse fácilmente de que eran las vidas que vivían las que habían causado el problema. Habían buscado mejorar sus vidas a expensas de esa otra vida después de la muerte, o no habían seguido las enseñanzas de la Iglesia como debían. Habían pecado en sus mentes, si no con sus cuerpos. Todas estas fueron las excusas que la Iglesia dijo que habían causado que la plaga llegara finalmente a sus tierras.

Como pueblos enteros murieron a causa de la plaga, incluyendo miembros del clero, se hizo obvio que la Iglesia no tenía las respuestas. No solo sus explicaciones eran inadecuadas, sino que sus soluciones no hicieron nada para frenar la plaga que se extendía por todo el continente a un ritmo inimaginable. El hecho de que una persona muriera a la semana de contraer la enfermedad significaba que no había tiempo para poner sus vidas en orden antes de morir. El clero buscó salvarse a sí mismo en lugar de ayudar a sus congregaciones. Debido a que temían por sus propias vidas, los sacerdotes comenzaron a negarse a dar la extremaunción a las víctimas de la plaga. Esto habría sido un gran golpe para el pueblo, ya que sus almas inmortales eran su última esperanza de una vida mejor, y ahora se les estaba negando. Incluso los sacerdotes que permanecieron en sus puestos y prestaron los servicios esenciales solo podían proporcionar comodidad temporal.

Para tratar de demostrar que la Iglesia era compasiva con su difícil situación, el papa Clemente VI trató de calmar los temores concediendo la remisión de los pecados a cualquiera que muriera de la peste negra. Una persona que estaba muriendo podía confesarse con otra persona que no fuera miembro del clero para su absolución, incluso si la única persona disponible era una mujer. Aunque ciertamente podría haber tenido un efecto en los primeros días de la plaga, para cuando el papa ofreció este pequeño consuelo, el número de víctimas era asombroso. Dado que la forma en que se manejaba un cuerpo después de la muerte también estaba fuertemente dictada por la Iglesia, los que habían muerto eran absueltos, pero aun así no podían ir al cielo, ya que sus cuerpos no eran manejados adecuadamente. En lugar de enterrar a los individuos con la ceremonia tradicional, las víctimas de la peste eran arrojadas en fosas comunes, que no estaban autorizadas y que iban en contra de las enseñanzas de la Iglesia de un entierro adecuado. La Iglesia no podía ofrecer ninguna solución y no atendía a las preocupaciones de la gente, ya que era imposible enterrar a todas las víctimas en tumbas individuales. No había suficiente clero disponible para las tareas, incluso si todos estuvieran dispuestos. Permanecieron en gran parte silenciosos sobre la práctica de los entierros en masa en lugar de condenar la práctica (como probablemente lo habrían hecho si la plaga no hubiera estado tan extendida).

Temiendo por sus propias vidas, el pueblo siguió utilizando las fosas comunes. Más preocupados por la supervivencia que por una futura existencia, eligieron tratar de librar a los pueblos y ciudades de los muertos. Ignorando las enseñanzas de la Iglesia que habían sido parte integral de sus vidas, la gente sentía que las fosas comunes proporcionaban el mejor medio de supervivencia. La Iglesia ya había demostrado que no tenía ni idea de lo que estaba pasando o de cómo detenerlo, así que la gente no habría escuchado aunque la Iglesia se hubiera pronunciado en contra de la práctica. Para la gente, si la Iglesia se había equivocado tanto con los entierros, había muchos otros aspectos de su fe que cuestionar. Comenzaron a preguntarse qué otras cosas la Iglesia se había equivocado. Por ahora, tenían un problema mucho más apremiante.

Se hizo obvio para la gente que la solución no estaba en la Iglesia que había sido la columna vertebral de su creencia durante siglos. Pero si no era la Iglesia, ¿a dónde irían?

El aumento de la incertidumbre y las creencias extrañas

El Movimiento Flagelante fue solo uno de los muchos grupos de creencias extrañas que la gente abrazó durante la peste negra. Aunque habían perdido la fe en su Iglesia, la mayoría de la gente todavía creía que la plaga era un castigo de su Dios. Como el clero no podía producir respuestas y soluciones, la gente comenzó a recurrir al misticismo y a medios extraños para satisfacer la venganza de su Dios. Tenían que ganar el perdón por cualquier medio posible.

Dañarse a sí mismo o aceptar un castigo físico era una forma de hacerlo. Apuntar a las minorías y culparlas era otra. Sin embargo, ninguna de estas ideas proporcionaba una causa adecuada para el problema generalizado, ni una solución que obviamente diera resultados. La gente empezó a creer más en la superstición y el fatalismo, lo que creó un conjunto de problemas completamente diferentes. Pequeños grupos de personas que seguían las ideas más apocalípticas del mundo comenzaron a aumentar, pensando que el mundo se estaba acabando.

No todas las personas perdieron la esperanza, creyendo que todo lo que sucedió estaba destinado a suceder. Además de la persecución de la comunidad judía (y en menor medida de otros grupos minoritarios más pequeños), estos pequeños grupos comenzaron a hablar de reformas sociales y cambios mucho más grandes. Dejaron de escuchar las enseñanzas de la Iglesia, así como los decretos de sus monarcas y señores. Como se mencionó anteriormente, algunas figuras trataron de proteger a la población judía, pero el antisemitismo se apoderó fuertemente del pueblo, y esa gente ya no creía en las figuras de autoridad en el poder. Sin embargo, esto se extendió más allá del tratamiento de otras personas. La población que una vez fue complaciente ya no estaba dispuesta a escuchar las palabras de una Iglesia que claramente les había fallado. Hubo un nuevo descontento con su suerte que solo empeoraría en los años siguientes a la ola inicial de la peste negra, ya que la Iglesia continuó fallándoles.

La Iglesia pierde su camino

Una vez que el miedo a la peste negra comenzó a disminuir, la Iglesia se enfrentó a la tarea de encontrar nuevos sacerdotes para actuar por ellos. Con una población diezmada, tenían muchas menos opciones. Teniendo que seleccionar de un grupo mucho más pequeño, los requisitos para ser un sacerdote u hombre de la Iglesia se relajaron. Los hombres sin educación fueron bienvenidos a la profesión y se les dio una formación mínima para que pudieran salir a ayudar a atender al rebaño que se había perdido durante los años de la plaga. El hecho de que estos hombres claramente sabían menos y eran menos capaces que los sacerdotes y otros clérigos antes de la plaga significaba que la gente estaba menos inclinada a confiar en ellos.

Tal vez lo peor que la gente notó en la Iglesia católica mientras Europa trataba de hacer frente a las consecuencias de la plaga fue que los funcionarios de más alto rango se estaban enriqueciendo. Ciudades enteras fueron arrasadas, y se necesitaba dinero para ayudar a empezar a reconstruirlas. En lugar de poner su dinero en ayudar a la gente, la Iglesia lo estaba acaparando. El clero estaba aprovechando la tragedia para acumular riqueza y centralizar el poder. Este fue quizás uno de los mayores golpes a la Iglesia, ya que un creciente número de personas ya no estaban dispuestas a confiar en ellos como lo habían hecho en los días previos a la peste negra. La Iglesia se había enriquecido con los muertos, lo que iba en contra de todo lo que había enseñado al pueblo. Ahora, la gente empezaba a ver cómo funcionaba la Iglesia porque estaba expuesta a mucha más transparencia de la que había tenido en los siglos anteriores a la plaga.

En última instancia, la peste negra plantó las semillas del descontento con la Iglesia. En lugar de ser vista como un camino hacia la salvación, fue descrita cada vez más como una institución corrupta. Menos de 150 años después, la duda sembrada por la peste negra llegaría a un punto crítico cuando Martín Lutero clavó sus *noventa y cinco tesis* en la puerta de una iglesia, comenzando la Reforma.

Capítulo 9 - El arte de la peste negra

La peste negra inspiró y destruyó las artes de la época. Debido a que la pandemia tocó las vidas de casi todos en un continente entero, todo el arte de la época reflejó cuán drásticamente cambió sus vidas. La Iglesia perdió una cantidad sustancial de su poder y confianza, y como principal patrocinador de las artes, esto jugó un papel muy importante en el desarrollo del arte durante este tiempo.

La profunda pérdida de Petrarca

Francesco Petrarca, más conocido como Petrarca, es el poeta más conocido del siglo XIV. Su obra más famosa fue *Il Canzoniere*, y contenía más de 350 poemas. Su influencia en la literatura europea no puede ser exagerada. Su trabajo ha inspirado a muchos de los grandes poetas desde su muerte, incluyendo a Dante y Shakespeare. Sus obras incluían muchos de los temas comunes cubiertos en la poesía, pero fue quizás más conocido por sus poemas de amor a una mujer que vio en la iglesia cuando tenía 23 años, Laura. En sus obras, contempla muchas de las preguntas que los hombres siempre han hecho, preguntas sobre la mortalidad y la fama, pero sus obras también tienen una inclinación bastante filosófica hacia ellas. Muchos poetas han tratado de imitar su estilo, y todavía encuentran inspiración en sus palabras siglos después de su muerte.

Petrarca se hizo definitivamente famoso por su poesía, pero ese no era el propósito de sus obras. Su poesía trataba de sus propios meandros filosóficos y mentales a través del significado de la vida y su profundo amor por Laura. Uno de sus libros incluso terminaba con una poesía de él esperando encontrarse con ella de nuevo después de su muerte. Como filósofo y moralista, sus escritos iban mucho más allá de la poesía, y tenía un interés singular en salvar las obras de los escritores antiguos. Comenzó una inmensa colección de obras de escritores de los mundos antiguos que eran mucho más avanzados que la sociedad europea cristiana de la Edad Media, y tomó muchas de sus ideas a pecho. Para cuando murió en 1374, tenía una de las mayores colecciones privadas de tales obras en el mundo.

Sus filosofías y la valoración de los escritores del pasado influyeron en sus obras, pero Petrarca también se vio afectado personalmente por la peste negra. El amor de su vida y el centro de su poesía, Laura de Noves, murió en Aviñón, Francia, en 1348, una de las muchas que sucumbieron a la enfermedad una vez que llegó a la ciudad. Su poesía durante este tiempo refleja su profunda pérdida personal de una manera que la mayoría de los otros poetas no pueden expresar adecuadamente sus propias penas similares. La mayoría de la gente proclama estar sin palabras cuando tal tragedia personal golpea, pero él encontró las palabras para lamentar cuán significativamente su muerte afectó a su mundo. Petrarca la había visto por primera vez en Aviñón en 1327, pero cuando la peste negra visitó Aviñón, él estaba en Parma, Italia. En su poesía, proclamó "que nada más en esta vida debe complacerme" una vez que se enteró de su muerte e inhumación.

Su hermano, Gherardo, corrió un gran riesgo de morir por la peste negra al llegar al monasterio de Montrieux, Francia, donde vivía. Petrarca le escribió, quizás sin saber que su hermano ya estaba lidiando con los estragos de la enfermedad. Petrarca denuncia la llegada de la peste negra y declara,

> "Lo haría, hermano mío, si nunca hubiera nacido, o al menos hubiera muerto antes de estos tiempos. ¿Cómo va a creer la posteridad que ha habido un tiempo en que sin los relámpagos del cielo o los fuegos de la tierra, sin guerras u otras matanzas visibles, no esta o aquella parte de la tierra, sino casi todo el globo, ha quedado sin habitantes? ¿Cuándo se ha oído o visto algo así? ¿En qué anales se ha leído que las casas quedaron vacías, las ciudades desiertas, las tierras descuidadas, los campos demasiado pequeños para los muertos y una soledad temible y universal en toda la tierra?".

Mientras la mayoría de la gente trataba de comprender lo que estaba sucediendo a su alrededor, Petrarca ya estaba pensando en términos de futuro y cómo se vería afectado. Naturalmente, había habido pestilencia antes a una escala similar, pero Europa había sido en gran parte inmune o la había olvidado completamente. La escala de la muerte esta vez era inimaginable, y parecía no haber un final a la vista.

Afortunadamente, Gherardo sobrevivió a la peste negra que visitó su monasterio. De hecho, él y sus fieles perros fueron los únicos que no murieron cuando la plaga se llevó a los miembros restantes del clero. Esto fue un pequeño alivio para Petrarca en lo que ciertamente habría parecido un evento cataclísmico. También proporcionaría alguna esperanza para el futuro porque no todo estaba perdido.

Boccaccio y *El Decamerón*

Otro notable escritor de la Edad Media fue Giovanni Boccaccio. Mientras que las obras de Petrarca eran apasionadas y rebosaban de emociones, Boccaccio escribió en un estilo mucho más desapegado y analítico. El lenguaje que usaba seguía siendo artístico, pero había más de un sentimiento objetivo en las cosas que escribía. Petrarca se inspiró para escribir basándose en su propio sentido de pérdida, así como en la pérdida para el futuro. Imaginó lo difícil que sería superar los efectos de la plaga y que nadie comprendería nunca completamente lo que había sucedido, si es que alguien sobrevivía a la plaga.

Boccaccio se inspiró de manera similar en los eventos de la peste negra, pero su obra, *El Decamerón*, se convertiría en un pilar de la literatura de la época. Profundizó en los temas desde un punto de vista más distante, ya que los personajes eran ficticios. Comienza con un grupo de siete hombres y tres mujeres que intentan escapar de la peste negra yendo a una villa en las afueras de la ciudad donde residían.

Aunque el libro en sí es una obra de ficción, contiene probablemente la descripción más infame de lo virulenta y espantosa que fue la plaga. Boccaccio no evitó al lector las descripciones de algunos de los peores elementos de la enfermedad. Describió las ronchas que se formaron, el ennegrecimiento de la piel y la sangre que parecía rezumar de casi todas partes de la víctima. Esta descripción gráfica ha ayudado a los científicos y académicos a entender lo horrible que fue la enfermedad mucho después de la introducción inicial de la plaga en Europa.

Su trabajo tampoco se centra únicamente en los horrores de los efectos físicos en las personas sobre las que escribió. Las primeras partes de *El Decamerón* detallan la enfermedad y el pánico de la gente que la sufrió. Su trabajo describe el sufrimiento y la angustia mental que se apoderó de la ciudad de la que los protagonistas intentarían escapar. Finalmente, su historia proporciona una mirada a cómo el orden social comenzó a fallar y el declive de las tradiciones religiosas cuando la gente comenzó a utilizar los entierros masivos para tratar de sobrevivir.

El comienzo de la historia es muy sombrío antes de entrar en los acontecimientos y las vidas de los personajes principales una vez que escapan de la ciudad. A diferencia de Petrarca, Boccaccio no parecía ser religioso, o al menos no invocaba la religión casi tan a menudo. Como Petrarca declaraba que los humanos se habían traído la peste por sus pecados, Boccaccio parecía tener una mente más secular en sus obras. No se lamentaba de la caída del hombre o de que se hubiera ganado la ira de su Dios. En su lugar, presentó una mirada más científica (y por lo tanto más confiable) a la enfermedad y sus efectos.

Todo esto proporcionó a la posteridad bajo el disfraz de una de las más famosas obras de ficción jamás producidas en Europa.

Caída del nuevo Movimiento Siena

La peste negra ciertamente inspiró diferentes tipos de arte, pero también lo robó. El Movimiento Siena estaba creciendo en popularidad, y los artistas que formaban parte de este movimiento a mediados del siglo XIV estaban desarrollando nuevos estilos de pintura. Siena, Italia, era una ciudad que comenzaba a crecer rápidamente, y antes de la llegada de la peste negra, atrajo a un gran número de talentosos pintores. Se estaban construyendo y decorando catedrales. El arte de la época comenzaba a reflejar esta nueva fase de la ciudad, un sentido del estilo que era único en la región.

Entonces llegó la peste negra. Había muchos grandes pintores que habían venido a Siena a practicar su arte y a perfeccionar sus técnicas, especialmente Ambrogio y Pietro Lorenzetti. Casi todos los pintores perecerían en la ciudad, víctimas de la plaga. La nueva escuela de arte de Siena se extinguió antes de que pudiera terminar de explorar su potencial.

Capítulo 10 - La primera cuarentena y la contención exitosa

La peste negra fue la primera pandemia real que golpeó a Europa desde la peste de Justiniano más de cinco siglos antes. La gente no sabía cómo detener lo que parecía un cruel castigo de su Dios porque no recordaban haber experimentado una enfermedad que pudiera matar tan rápidamente y propagarse sin razón aparente. Algunas de las ciudades portuarias habían intentado impedir la entrada de los enfermos, pero no existían leyes o medidas que impidieran que los enfermos se mezclaran con los que aún no habían sido expuestos.

Europa nunca había tenido necesidad de medidas sanitarias de gran alcance o de la aplicación de medidas de seguridad pública antes de la peste negra. Estaban mal equipados para hacer frente a cualquier tipo de pandemia, pero de pronto se vieron obligados a tratar de encontrar formas de reducir al mínimo la exposición. Cuando Italia se dio cuenta de que el problema era de mayor envergadura de lo que habían previsto, comenzaron a aplicar y hacer cumplir las normas con la esperanza de que así se frenara la marea contra un enemigo invisible que había estado ganando la batalla contra los seres humanos desde su llegada.

Los primeros intentos

Al principio, las ciudades portuarias monitoreaban la llegada de los barcos y los marineros buscando señales por si algo más que carga hubiera llegado con los pasajeros. En marzo del año siguiente a la llegada de la peste negra (1348), comenzaron a obligar a los barcos a partir si se sospechaba que llevaban personas que sufrían de la enfermedad altamente contagiosa.

Este fue un admirable intento temprano de evitar que más gente enferma entrara en los puertos. Sin embargo, no tuvo en cuenta a la gente que ya estaba en la ciudad, ni tampoco a la gente que entraba en los pueblos y ciudades portuarias desde las rutas interiores. Sin embargo, al menos significaba que las personas enfermas no venían del extranjero, reduciendo así las oleadas adicionales de la enfermedad que afectaban a las ciudades a través de la forma más obvia en que podía llegar a la gente.

También existía el problema de que se permitía a los barcos llegar a puerto en otros lugares donde no se realizaban controles. Italia fue el primer país que trató de impedir la entrada de más víctimas de la plaga. De hecho, fue el único país que trató de evitar que los enfermos entraran en sus puertos. Los barcos que rechazaron se trasladaron a puertos de Aragón y Francia, asegurándose de que la plaga infectara a un número mucho mayor de personas. Si se hubiera negado a los barcos la entrada a puertos de otros países, es probable que el número de muertos pudiera haberse reducido considerablemente, aunque también habría sido una sentencia de muerte para todos los que iban a bordo de los barcos.

Venecia

Venecia fue una de las tres ciudades italianas más afectadas por el comienzo de la plaga (junto con Florencia y Génova). Como el primer lugar donde los historiadores señalan como punto de entrada de la enfermedad, Sicilia también sufrió durante esta época, pero como isla, había más de un mecanismo de contención natural en caso de que la gente decidiera utilizarlo. Desde las tres ciudades principales de Italia, la peste negra avanzó rápidamente hacia el interior, llegando a pueblos y ciudades de todo el continente que estaban muy lejos de aquellos primeros barcos contaminados. Era evidente que las personas que entraban en las ciudades traían la enfermedad consigo, y las personas que huían de los pueblos y ciudades propagaban aún más la enfermedad a zonas que de otro modo no se habrían visto afectadas. Se había determinado que la única manera de sobrevivir era evitar cualquier contacto con los humanos que habían contraído la enfermedad. No eran conscientes de que las plagas también podían contaminarlos, pero la interacción humana seguía siendo un factor importante. Al mantener a los enfermos fuera de las ciudades, sabían que podían bloquear la enfermedad de manera significativa.

Venecia fue una de las primeras ciudades en implementar una cuarentena para prevenir la introducción de marineros enfermos en su ciudad. Al darse cuenta de que no debían permitir la entrada de algunos barcos, cerraron su puerto a toda entrada de barcos sin que se aplicaran primero las medidas adecuadas. Se negó la entrada a cualquier barco que se creyera que transportara pasajeros y marineros contaminados. A todos los barcos a los que se les permitía entrar en la ciudad se les exigía que permanecieran en aislamiento durante 30 días, y también obligaban a los viajeros a permanecer en aislamiento durante 30 días. Teniendo en cuenta el hecho de que una persona que tenía la plaga normalmente moría en una semana, 30 días parecía un tiempo más que suficiente para asegurar que todos los visitantes de la ciudad estuvieran limpios antes de que se les permitiera mezclarse con el resto de la población. Esto demostró ser un método increíblemente eficaz, y uno que llegarían a perfeccionar con cada oleada sucesiva de la plaga que surgió. Con el tiempo, el número de días para la cuarentena se convertiría en 40 días en lugar de 30.

También se estableció un proceso para verificar tanto el punto de origen de un barco como la salud de los que estaban en él. El capitán de un barco recién llegado dejaba el barco en un bote salvavidas y se dirigía a la oficina del magistrado. Se le colocaría en un pequeño recinto donde hablaría a una distancia segura del oficial. Se colocaban cristales y otras protecciones para asegurar que los capitanes que estuvieran enfermos no pudieran pasar la plaga al magistrado de sanidad. Esta medida extra se puso en marcha bajo la errónea creencia de que respirar el aire alrededor de alguien con la plaga lo enfermaría. De una manera vaga, tenían razón, ya que la peste en los pulmones (peste neumónica) puede liberar la contaminación en el aire, y la precaución extra impidió que las partículas y otras formas de contacto contaminaran al magistrado. El capitán también tendría que proporcionar una prueba escrita de dónde había estado su barco y de la salud de su tripulación y de otras personas en su barco (como los pasajeros). También tenía que detallar el lugar de origen de los bienes y artículos que traía a la ciudad. Si se sospechaba que había indicios de la plaga en la tripulación o en la carga, el barco era dirigido a la estación de cuarentena donde permanecería durante 30 días (o 40 días unos pocos años después de la primera cuarentena).

Otras ciudades italianas comenzaron a adoptar esta medida de protección, ya que resultó ser una de las mejores maneras de combatir la enfermedad para la que no se podía encontrar otra causa aparte del contacto humano. Al exigir que las personas permanecieran alejadas de la ciudad hasta que se demostrara que no estaban infectadas, las ciudades pudieron evitar que la peste negra aniquilara a su población. El comercio se ralentizó debido a las medidas para impedir que la peste entrara, pero tras la devastación observada en los primeros meses de la epidemia, fue un intercambio que el pueblo de Venecia, luego toda Italia y después el resto de

Europa, estaba dispuesto a realizar para garantizar que la peste no siguiera causando muertes en la misma escala que la primera oleada.

Esfuerzos sin litoral

Venecia fue la primera ciudad que practicó un tipo de cuarentena, pero lo que aprendieron podría ciertamente aplicarse a las ciudades del interior. Ciertamente sería más desafiante, ya que había muchas maneras de entrar a estas ciudades además de a través de las puertas. Sin embargo, las precauciones redujeron significativamente el riesgo una vez que se aplicaron.

En mayo de 1348, Pistoia (otra ciudad de Italia) comenzó a aplicar medidas similares contra la entrada en su ciudad de nuevas víctimas de la plaga. Los gobernantes también trataron de detener la propagación dentro de la ciudad. Se promulgaron leyes que dictaban la forma en que la gente debía vivir su vida, similares a las que había hecho la Iglesia católica antes del brote, pero con una razón mucho más obvia y consecuencias de mayor alcance. Pusieron regulaciones estrictas sobre cualquier mercancía que se importara y exportara, pero esto no tuvo el efecto que esperaban. Con las regulaciones en vigor sobre las mercancías, la población todavía no estaba a salvo. Se estima que a pesar de las regulaciones, aproximadamente el 70% de la población de Pistoia murió.

Milán había promulgado su propio conjunto de leyes alrededor del mismo tiempo, aunque no eran idénticas. En contraste con las autoridades de Pistoia, las de Milán eran mucho más estrictas. Cuando descubrían que una casa tenía una víctima de la plaga, la casa se sellaba para que nadie pudiera salir, asegurándose de que la plaga no saliera de la casa mientras se condenaba a cualquiera de las personas que habían estado dentro. Esta ciudad se salvó del mismo brote que mató a tantos en Pistoia. Cuando la plaga volvió a aparecer en 1350, la ciudad de Milán había creado un edificio que fue designado como casa de la plaga donde los enfermos de la plaga y cualquiera que los atendiera permanecerían en cuarentena. Este edificio estaba a salvo fuera de los muros de la ciudad para que las víctimas no tuvieran la oportunidad de infectar a la gente dentro de la ciudad.

Italia fue el primer país en implementar y hacer cumplir cualquier tipo de cuarentena durante muchos años después del primer brote. Castilla, Aragón, Francia e Inglaterra fueron dolorosamente lentos en adoptar medidas similares para proteger a su gente. Inglaterra fue tan laxa en su enfoque que sufriría un gran número de víctimas durante la Gran Plaga de 1665. Tenían pocas o ninguna ley en vigor para esa ronda de la plaga, lo que dejó a Londres y al resto del país vulnerable a una enfermedad altamente mortal que estaba siendo efectivamente limitada en Europa continental.

Cementerios de la peste

Los miembros más astutos de la sociedad comenzaron a darse cuenta de que se podía hacer más con los cadáveres para asegurar que se minimizara el potencial de contaminación. Los primeros cementerios de la plaga se establecieron demasiado tarde para que fueran efectivos, y Venecia sufrió la pérdida de decenas de miles de personas durante la primera oleada de la plaga. Además de las demás medidas de cuarentena que tenían en vigor, dedicaron ciertos cementerios a los entierros masivos de las víctimas de la peste con cada ciclo progresivo de la detestable enfermedad; también se adoptaron más medidas para reducir al mínimo la exposición de los sanos a las víctimas que morían a causa de ella. Los cementerios de la peste se harían populares en gran parte de Europa y, como ya se ha mencionado, Eduardo III, tras la muerte de su hija, dedicó un cementerio para el entierro de las víctimas de la peste. Era quizás la menos efectiva de las cuarentenas, pero proporcionaba a la gente un medio mucho más rápido de deshacerse de los cuerpos que un entierro tradicional. Tampoco creó el tipo de problemas experimentados por Burdeos, donde los intentos de quemar a las víctimas conducían rápidamente a incendios incontrolables. Creó otros problemas, como proporcionar un área dedicada a las ratas y otros animales para encontrar comida, pero no se entendía lo suficiente sobre la enfermedad para que la gente tomara el tipo de acciones que sabemos que se deben tomar hoy en día.

Todos estos ejemplos son algunas de las primeras medidas de salud pública registradas en Europa. En otros lugares se practicaban tipos de controles similares, aunque no en toda Europa. Se necesitó la pérdida de entre un cuarto y la mitad de la población de Europa para que la gente se diera cuenta de que había medidas que podían tomar para retardar o prevenir completamente la exposición. La plaga continuaría regresando a Europa, particularmente durante los veranos (lo que llevó a muchos de los nobles y monarcas a las casas de verano). Italia rápidamente comenzó a tomar el control del problema, limitando el número de personas que se expondrían. Con el tiempo, los demás países seguirían su ejemplo. Como centro del comercio durante los siglos XIV y XV, Italia tenía un gran interés en contener el problema lo antes posible. Fue el primer país de Europa en sufrir los horrores de la peste negra, dándoles una buena razón para preocuparse de que pudiera ocurrir de nuevo. Algunos de sus primeros intentos no tendrían éxito, pero en última instancia las medidas se convertirían en los tipos de cuarentena que muchos países practican hoy en día.

Capítulo 11 - Más allá del costo humano

El número de víctimas de la peste negra se suele considerar en términos de vidas humanas perdidas porque fue en lo que se centró la gente cuando la plaga se extendió por toda Europa. Lo que es menos recordado son las otras formas en que la peste negra afectó a la gente tanto inmediatamente como en los años siguientes después de la primera ola de la enfermedad.

Los animales afectados por la plaga

Había dos problemas principales con la peste negra en cuanto a los animales que vivían codo a codo con los humanos. Primero, muchos de los animales eran tan susceptibles de contraer y morir de la enfermedad como los humanos. Segundo, la mayoría de los animales no eran compañeros de las personas, por lo que la pérdida de animales en ese momento agravó el imposible número de muertes al reducir la cantidad de comida y ropa disponible.

La pérdida de alimentos y protección con la muerte de los animales domésticos

Hoy en día la gente sabe que la enfermedad se propagó al menos en parte por los roedores y las pulgas que llevaban. Sin embargo, lo que a menudo se pasa por alto es que la peste negra no solo se cobró a los seres humanos, sino que también mató a un porcentaje bastante grande de los animales. Este fue un problema muy serio, ya que muchos de los animales comenzaron a morir tan rápido como las personas que los manejaban. Al principio, la gente se preocupaba sobre todo por contraer la enfermedad, pero pronto se dieron cuenta de que también debían preocuparse por sus rebaños y animales.

Esencialmente, todo el ganado era vulnerable a la plaga, así como los animales como los gatos y los perros. La pérdida de gatos y perros más pequeños que mataban a las plagas significó que la población de roedores creció a medida que la peste negra se llevó a los animales que los depredaban. Esto contribuyó a una mayor propagación de la enfermedad porque había menos animales para detener la creciente población de roedores.

Los otros animales que empezaron a morir en cantidades alarmantes fueron ovejas, vacas, cabras, cerdos y pollos. Todos estos animales eran las principales fuentes de alimento. Esto significó que en un momento en que la gente ya estaba combatiendo la propagación de la enfermedad, también se enfrentaba a la posibilidad muy real de la hambruna. A medida que un número creciente de animales de ganado moría, no había ningún plan de contingencia para fuentes de alimentos alternativas para los pueblos y ciudades que estaban lejos del océano y los mares donde abundaba el pescado.

Escasez de lana

Las ovejas también fueron víctimas de la plaga, y murieron en cantidades alarmantes. Naturalmente, esto era una preocupación en términos de alimentos, pero las ovejas suministraban otra cosa que la gente necesitaba para sobrevivir: lana. Este rebaño particularmente versátil murió en cantidades récord, dejando a los humanos que no murieron de la enfermedad a sucumbir al frío del invierno por falta de abrigo adecuado. Aunque no fue tan sensacional como la pérdida de vidas humanas, la significativa disminución de la población ovina significó que la gente sufriera durante varios años después de que la peste negra se hiciera menos frecuente. No había un número adecuado de ovejas para suministrar la lana necesaria para la ropa, las mantas y otros artículos de uso diario. La escasez de lana afectaría a la población mucho después de que se sintiera a salvo de la propia plaga.

Escasez de mano de obra

La muerte de tantos animales domésticos fue ciertamente un golpe para la gente de Europa en esta época. Al mismo tiempo, no había suficiente gente para trabajar con los animales o la tierra como se requería para sostener la población que vivía en los pueblos y ciudades. La gente había comenzado a trasladarse a los pueblos y ciudades, y allí murieron en cantidades asombrosas. Aunque las zonas rurales no estaban tan devastadas como las ciudades y pueblos, las áreas donde la plaga visitó típicamente perdieron casi todos los trabajadores que trabajaban la tierra o con los animales.

El resultado fue una escasez de mano de obra que afectaría a toda Europa mucho después de que el miedo a la plaga se hubiera disipado.

Los miembros de la nobleza y los monarcas trataron de atraer a la gente de los pueblos y ciudades de vuelta a las tierras rurales con muy poco éxito. Habiendo visto ya que había poco que ganar trabajando las tierras que pertenecían a otras personas, la población general no estaba interesada en volver a los campos. Se promulgaron leyes para tratar de manejar el problema. Después de todo, había razones prácticas para tener trabajadores —eran esenciales para cultivar los alimentos que se vendían en los pueblos y ciudades. Se ofrecían salarios más altos con la esperanza de atraer a la gente de los pueblos y ciudades para trabajar las tierras y otros servicios. Los mendigos en las calles de la ciudad se redujeron significativamente porque se necesitaba a cualquiera con capacidad de trabajar. Esencialmente, la peste negra había creado un mercado que beneficiaba más al trabajador que a los señores o la nobleza. Esto no era algo que la mayoría de los países habían encontrado antes y proporcionaban a la gente mejores medios que los que tenían antes del brote. Solo se permitía que las personas discapacitadas recibieran algún tipo de limosna o apoyo.

Dado que la mayoría de la gente había tenido dificultades para encontrar un pago adecuado por su trabajo, esto sirvió como una de las pocas cosas buenas que vinieron de los horrores de la década de 1340 a principios de 1350. Proporcionó oportunidades que la población en general probablemente no hubiera tenido de otra manera. Incluso la Iglesia comenzó a contratar a gente no calificada, como se ha mencionado antes. El problema era que muchas de las leyes decían que la gente debía aceptar cualquier trabajo que se le ofreciera, y algunos de los ricos trataron de aprovecharse de esto ofreciendo menores salarios de lo que valía el trabajo, sabiendo que la gente tendría que aceptarlo en lugar de aceptar limosnas basadas en la ley. En general, sin embargo, proporcionaba algo que muchas personas no habrían ganado si la peste negra no hubiera llegado: la oportunidad de obtener una educación o formación en oficios o trabajos más rentables.

Las guerras se detuvieron

Uno de los resultados más intrigantes (y positivos) de la propagación de la peste negra fue que la gente en el poder tenía algo mucho más apremiante para ocupar su tiempo que tratar de expandir sus imperios a través de medios tradicionales. Por supuesto, hubo gente que trató de expandir su poder o influencia a través de otros medios, pero las guerras casi se detuvieron durante este tiempo. El rey Eduardo III cesó sus ataques a Francia, creando un indulto temporal a los pocos años de la guerra de los Cien Años.

La peste negra tiene la distinción de haber cobrado el mayor número de vidas humanas hasta ese momento en la historia de Europa. Ninguna guerra u otro evento había cobrado tantas vidas, ciertamente no tan rápido como la plaga entró y arrasó un país tras otro.

Inicialmente, los países ignoraron la plaga porque se centró en las ciudades de Italia. Como rápidamente comenzó a extenderse más allá de las fronteras a casi todos los países del continente, las guerras dejaron de librarse casi por completo. Las personas que sobrevivieron a la plaga fueron necesarias para trabajar las tierras, no para hacer guerras. Fue una de las pocas veces en la Europa medieval que los gobernantes permitieron que la paz dictara sus acciones. No era el tipo de paz que nadie querría porque la gente luchaba contra un enemigo que era claramente mucho más letal y extremo que cualquier gobernante, pero aun así fue un cambio notable con respecto a las constantes guerras que aún se asocian con el período de tiempo. La gente piensa que los caballeros y las grandes batallas son un elemento básico de la existencia, sin embargo, durante este período, toda la atención se centró en un tipo de supervivencia completamente diferente.

Un futuro más fuerte

La mayor parte de las secuelas de la peste negra fueron negativas, pero para los que sobrevivieron, en particular los que habían contraído la plaga pero no murieron, se volvieron mucho más fuertes por la experiencia. Según los estudios realizados en 2014, un hecho que no se detectó tras los estragos de la plaga o de los siglos posteriores fue que las personas que sobrevivieron eran un grupo mucho más saludable y resistente. A pesar de lo horrible que fue la enfermedad, puede servir como prueba de la supervivencia de los más aptos, ya que la población de Europa que era vieja o enferma no sobrevivió. Por supuesto, la enfermedad también mató a muchas personas sanas, pero hubo algunos que no murieron. Esto ayudó a proporcionar cierta inmunidad para futuras oleadas de la enfermedad. Como el número de muertos se redujo y muchas menos víctimas contrajeron la peste negra, la vida de la mayoría de los europeos restantes fue en realidad más larga que antes de que la plaga golpeara.

El estudio se centró en los huesos de las personas en los cementerios de Londres. Según su análisis de los restos humanos, solo alrededor del 10% de la población sobreviviría hasta su 70 cumpleaños antes de la plaga. Tras los estragos de la peste negra, ese porcentaje comenzó a subir, casi duplicándose en el próximo siglo o dos. Los científicos especulan que las personas que murieron a causa de la plaga podrían haber tenido deficiencias genéticas que habrían acortado su vida. Las deficiencias podrían haber variado desde sistemas inmunológicos que no eran tan fuertes como los que lograron sobrevivir a la enfermedad hasta condiciones cardíacas que hicieron que algunas personas fueran menos capaces de combatir la enfermedad. La genética era totalmente desconocida en aquellos días, por lo que la enfermedad habría parecido totalmente aleatoria, pero podría haber actuado como una forma de eliminar a muchos de los que habrían tenido una vida más corta normalmente. Las personas que sobrevivieron pueden haber tenido una composición genética mucho más fuerte que luego se transmitió a sus hijos, hasta la Europa de hoy en día.

Capítulo 12 - Efectos duraderos en el futuro de Europa

Europa cambió para siempre con la llegada de la peste negra a sus costas. Su gente nunca más miraría a la enfermedad y a la dolencia como eventos aislados, incluso aquellas enfermedades que ocurrieron en lugares lejanos. Había muchas señales de advertencia antes de la llegada de la enfermedad a Europa, pero esas advertencias no fueron escuchadas.

Con la pérdida de entre un cuarto y la mitad de la población europea, fue un golpe devastador para un pueblo que hasta entonces no había sido afectado en gran medida por la enfermedad (que conocemos). Solo China parecía sufrir más profundamente, con una estimación de la mitad de la población muriendo a causa de la plaga. Como lugar de origen de la plaga, es más fácil entender un número tan devastador en China. Para un lugar tan alejado de China como lo estaba Europa, hubo tiempo suficiente para tratar de prevenir o al menos minimizar el problema en caso de que llegara a sus costas.

Se necesitó la pérdida de tantas vidas y la creencia en el sistema para que la gente del continente se diera cuenta de que no era inmune a los problemas que persistían en otras naciones y en otros continentes. Hoy en día, la gente entra en pánico ante la amenaza de un brote, sin importar lo lejos que esté una enfermedad cuando se diagnostica por primera vez. Por ejemplo, el pánico a principios del siglo XXI debido al Ébola fue mucho peor. Aunque la amenaza fue muy exagerada, esto se debe en gran parte a que muchos países habían aprendido a tomar las precauciones necesarias para evitar la propagación de la enfermedad. Nuestros conocimientos actuales pueden vincularse directamente a las experiencias y lecciones que la gente aprendió tras la tragedia de la peste negra. Las medidas sanitarias, como las cuarentenas y las leyes, han asegurado que las enfermedades mortales tengan menos posibilidades de propagarse a una escala similar a la actual.

Esas lecciones también se aprendieron con el perpetuo retorno de la plaga en los próximos siglos en Europa. La población estaba mejor equipada y pocos países volvieron a sufrir en tal medida (con la excepción de Inglaterra, que fue muy lenta en aplicar las protecciones). A partir de las cenizas y la miseria dejadas por la peste negra, los europeos comenzaron a reconstruir sus vidas durante los siguientes siglos.

La repoblación y el papel de las mujeres

Uno de los mayores retos tras la primera aparición de la peste negra en Europa fue repoblar. Las mujeres reales y nobles ya eran tratadas como madres hasta ese momento. Aquellas que no morían durante el parto eran apartadas para ser amas de casa una vez que superaban su utilidad para que los reyes pudieran continuar procreando. Ahora las mujeres de todos los diferentes niveles de la sociedad tenían un papel adicional, ya que era esencial que se produjeran más niños. Al mismo tiempo, había una escasez de mano de obra, por lo que también tenían que trabajar. Aun así, no se les concedió ningún derecho adicional o respeto por la sociedad patriarcal en la que vivían.

Por supuesto, había algunas mujeres poderosas que eran más que una pareja para sus homólogos masculinos. Estas mujeres no solo tenían hijos, sino que a menudo se enseñoreaban de los hombres de sus familias. La historia tiende a ser particularmente cruel con estas mujeres, pero no eran peores que muchos de sus homólogos masculinos que son típicamente representados de una manera diferente.

A medida que las ciudades y pueblos comenzaron a recuperarse, familias como la de los Médicis comenzaron a ascender a un poder que probablemente no habrían alcanzado si la peste negra no hubiera llegado a las costas europeas. Para la década de 1430, los de' Medici habían pasado de ser banqueros y comerciantes exitosos a ser una de las familias más poderosas de Italia (y de Europa). Fueron una de las familias líderes durante el Renacimiento, y a menudo las mujeres de la familia tenían tanto control como los hombres, aunque no podían ocupar los mismos tipos de cargos oficiales (particularmente en la Iglesia católica).

El constante resurgimiento de la plaga hizo casi imposible que la población se recuperara en las décadas siguientes a la ola inicial. La población tardaría varios siglos en recuperarse, siendo el Renacimiento la primera vez que la población parecía haber vuelto a las mismas cifras que había en Europa cuando entró la peste negra.

Guerra biológica

Tal vez incluso más aterradora que una enfermedad que no se entiende es la idea de que la gente trató de averiguar cómo usar la enfermedad como arma contra sus enemigos. Es un proceso de pensamiento profundamente desconcertante, particularmente porque la mayoría de la gente vio el valor de detener las guerras mientras la plaga se extendía por Europa.

Sin embargo, esta fue la lección que algunas personas aprendieron de la peste negra. Tal vez inspirados por los registros escritos de de' Mussi, la gente comenzaría más tarde a buscar maneras de convertir la tragedia en un arma.

Hoy en día, la guerra biológica es una de las perspectivas más aterradoras a las que se enfrenta la humanidad. La peste negra ya ha demostrado que una vez liberada, no hay absolutamente ninguna manera de que ningún humano controle la forma en que se propagará una enfermedad. Esto no ha impedido que los países traten de convertir en armas algunas de las peores enfermedades que el mundo ha visto. Aunque se declaró que la viruela fue erradicada, sigue siendo una seria preocupación. La vacunación ha permitido prevenir cualquier propagación natural de la enfermedad (aunque algunos pequeños grupos de la sociedad están luchando y están haciendo posible que la enfermedad regrese a través de los niños y adultos que no están vacunados). Aunque la aparición natural de la enfermedad casi se ha detenido, varios países han encontrado formas de convertir en arma esta enfermedad increíblemente infecciosa y mortal. Fue una de las principales plagas que arrasó grandes porciones del mundo durante más de cientos de años hasta la introducción de la vacuna, y eso fue suficientemente malo sin que se utilizara intencionadamente para matar gente.

Los países vieron la destrucción causada por la enfermedad y decidieron que podía ser igual de devastadora si la convertían en armas. Es evidente que ciertos sectores de la humanidad no son menos bárbaros o indiferentes al dolor y la devastación que podrían causar. Aparentemente, tampoco se molestan en aprender de la historia porque ya hemos visto lo imposible que fue detener la peste negra en los primeros días. Al cambiar una enfermedad tan mortal como la viruela y liberarla en el mundo de hoy, no hay manera de que el país infractor pueda limitar la propagación de la enfermedad. Con aviones y otros medios de transporte eficientes, la liberación de una versión armamentística de cualquier enfermedad es probable que tenga un efecto tan devastador en la población mundial como la peste negra.

La peste negra debe ser recordada por lo que fue: el primer ejemplo del poder de la enfermedad y de cómo la humanidad no tiene nada con lo que combatir una nueva enfermedad. Típicamente, toma años de estudio de una enfermedad para entender completamente cómo interactúa con el cuerpo humano y cómo combatirla mejor. Se supone que las enfermedades como armas son más difíciles de detener y probablemente serían tan trágicas como la primera ola de la peste negra, si no peor.

El nombre de la peste negra

La gente que experimentó la peste negra no la llamó así. No se sabe exactamente dónde o cuándo se originó el nombre, pero la gente de hoy en día no se refiere a la primera gran pandemia europea como la peste negra.

Los historiadores creen que el nombre era una descripción de lo que la plaga hizo a las víctimas. Con algunas de las personas más renombradas de la época proporcionando pasajes muy descriptivos sobre lo que hizo exactamente la enfermedad (sobre todo Boccaccio), es fácil ver cómo la plaga obtuvo un nombre tan escalofriante. El hecho de que continuara literalmente plagando las naciones de Europa, el Cercano Oriente y el Lejano Oriente durante siglos, las descripciones no eran del todo necesarias porque había constantes recordatorios de lo que la bacteria haría a sus víctimas.

Sin embargo, el nombre de la peste negra (o muerte negra) se relaciona típicamente con los primeros casos de la plaga en Europa y no se utiliza realmente para denotar los casos registrados que ocurren cada año. La gente de la época típicamente llamaba a lo que estaba sucediendo "la peste". Con el tiempo, el pánico y el miedo que inspiraba la enfermedad se desvaneció a medida que la gente aprendía a combatirla. A pesar de ello, ese primer encuentro dejó una grave cicatriz tanto en las personas que lo vivieron como en la conciencia colectiva. Incluso hoy en día, la mención de la peste negra evoca imágenes de uno de los períodos más oscuros de la historia europea. Casi toda la civilización occidental tiene una idea aproximada de cuándo ocurrió y de su terrible balance.

La peste negra en la literatura y los medios de comunicación

Una forma en que todavía recordamos este tiempo aterrador es en nuestros medios de comunicación e historias. Durante siglos, la civilización occidental ha revisado y revivido la peste negra desde una distancia segura. Hay una curiosidad morbosa sobre ella que aparece en casi todos los medios de comunicación.

Hay muchos sitios en línea dedicados a ella, y debates sobre casi todos los aspectos de la furia de la peste negra en la actualidad, casi 675 años después de que llegara por primera vez a Europa. La gente debate sobre cómo se propagó la enfermedad, discute sobre la probabilidad de que los tártaros lanzaran cuerpos sobre las fortificaciones de Caffa, y discute las consecuencias de la pandemia. Los científicos e investigadores desentierran los cuerpos que una vez aterrorizaron a los supervivientes con la esperanza de proporcionar una imagen más exacta de la enfermedad, las consecuencias y las secuelas.

Quizás la forma más notable en que la peste negra aún afecta a la gente de ascendencia europea es en las obras de ficción. Las imágenes y las historias de esta época han sido contadas, reelaboradas y reimaginadas en todos los medios posibles que usamos hoy en día. Proporcionamos finales más felices para unos pocos personajes afortunados o creamos un mundo alternativo donde el continente no fue tan devastado. Desde los libros hasta la fanfiction y los videojuegos, no hay medio que no proporcione algunos medios para contar esta época oscura.

Rimas infantiles y otros legados de la peste negra

Las obras de arte que fueron inspiradas por la peste negra han sobrevivido a través de los siglos, y algunas todavía se conocen hoy en día. Las obras de Boccaccio y Petrarca siguen siendo famosas porque proporcionan tanto una perspectiva histórica como una elocuencia literaria que no tiene rival para ninguno de sus pares más tarde en el Renacimiento.

Sin embargo, no hay ninguna obra literaria que haya penetrado en el mundo de habla inglesa como una simple canción infantil.

> Aros alrededor de las rosa
>
> Un bolsillo lleno de ramilletes
>
> ¡Cenizas! ¡Cenizas!
>
> Nos caemos todos.

Hoy, los niños la cantan tomados de la mano, y luego caen al suelo alegremente mientras cantan la última línea de la rima. Ciertamente parece inocente, pero lo que la rima infantil cuenta es una versión corta de la vida de una víctima de la plaga. El anillo descrito en la primera línea eran los bubones que se formaban indicando que la víctima había sido infectada por la plaga. En este punto, la víctima sería consciente de que muy probablemente solo le quedaran unos pocos días de vida.

La segunda línea se refiere a las flores que la gente llevaba en sus bolsillos con la esperanza de protegerse de la enfermedad. Sin entender exactamente qué causó la plaga, se intentó cualquier cosa con la esperanza de que ofreciera protección. El uso de las flores parece caprichoso, pero en realidad fue visto como una posible protección contra la infección.

La tercera línea puede referirse a varias cosas diferentes. Lugares como la ciudad portuaria de Burdeos intentaron deshacerse de los montones de cadáveres quemándolos. Esto resultó ser una decisión desastrosa, ya que no pudieron controlar el fuego. La mayoría de los lugares optaron por utilizar fosas comunes, ya que se hizo evidente que los entierros individuales serían imposibles, ya que las ciudades, pueblos y aldeas estaban atrapados por la enfermedad. En este caso, las cenizas probablemente son una referencia bíblica. La Biblia del rey Jaime, Génesis 3:19, dice: "Con el sudor de tu rostro comerás el pan hasta que vuelvas a la tierra, porque de ella fuiste tomado; pues polvo eres, y al polvo volverás". Esta línea en particular es un recordatorio de que cuando se enfrenta a la peste negra, todos son iguales. Ninguna persona era demasiado poderosa, rica, religiosa o sabia para escapar de la terrible enfermedad.

La inevitabilidad de la muerte y el sentimiento de que todos serían eventualmente reclamados está representada por la última línea. La risa y las sonrisas que típicamente acompañan a esta línea están en claro contraste con lo que significan las palabras. ¿Pero quién querría privar a los niños de una rima tan pegajosa que pueda poner sonrisas en sus caras?

La Mascarada de la Muerte Roja

Desde la publicación de *El Decamerón* de Boccaccio, muchos escritores se han propuesto escribir algo que les permita ganar una fracción de la fama y el renombre que él obtuvo con su obra. Solo hay un autor que logró hacer algo remotamente memorable, y vivió aproximadamente 500 años después.

Considerado uno de los maestros modernos de los cuentos, Edgar Allan Poe escribió historias que tendían a ser morbosas. Dada la historia de su vida, es comprensible que se sintiera atraído por el lado más oscuro de la existencia. Tal vez por eso fue capaz de tomar un tema tan complicado y sombrío como la peste negra y crear una obra de ficción que es fácilmente entendida por los lectores más de 150 años después de su muerte.

El nombre de la historia refleja la fuente de inspiración, "La Mascarada de la Muerte Roja". Es una historia bastante corta que comienza de manera similar a la famosa obra de Boccaccio. Poe no pasa mucho tiempo detallando la enfermedad, pero un párrafo es todo lo que necesita para hacer casi imposible que se pierda que la peste roja de la historia es una referencia directa a la peste negra:

> "Ninguna peste había sido nunca tan fatal, o tan horrible. La sangre era su Avatar y su sello —la locura y el horror de la sangre. Había dolores agudos, y mareos repentinos, y luego un sangrado profuso en los poros, con disolución. Las manchas escarlatas en el cuerpo y especialmente en la cara de la víctima, eran la prohibición de la peste que le impedía recibir ayuda y la simpatía de sus compañeros. Y todo el ataque, el progreso y la terminación de la enfermedad, fueron incidentes de media hora".

Obviamente, la plaga no mató a la gente en media hora, pero la licencia poética de Poe resalta lo imposible que fue la enfermedad. La mayoría de las enfermedades matan a la gente lentamente, como el cáncer y la tuberculosis. En comparación, parecía que la plaga mataba en un abrir y cerrar de ojos.

La historia sigue después al Príncipe Próspero que huyó de la ciudad y de la miseria de la Muerte Roja junto con sus amigos. Buscaban esperar a que la enfermedad se extendiera en un lugar remoto donde pensaban que serían inmunes a los estragos de la misma. La historia es decididamente de Poe, y termina como cualquiera que esté familiarizado con su estilo típico: esperaría la muerte.

Los paralelismos entre lo que sucede en su historia corta es más bien un recuento moderno de los eventos de uno de los períodos más oscuros de la historia europea. Trae los horrores y el miedo a un escenario más moderno, aunque definitivamente está ambientado en el pasado (incluso para la época en que fue escrito, el escenario era de una época anterior).

Su historia concluye con lo que la mayoría de Europa reconoció como resultado de la peste negra. No fue fácil escapar de la plaga. Ninguna cantidad de riqueza, privilegio o poder podía salvar a una persona. La historia no es exactamente un recordatorio gentil, pero sirve para ayudar a recordar a la gente que nadie puede escapar, convirtiéndola más bien en una obra de ficción para la población en general durante otro período de tiempo en el que el mundo se enfrentaba a tiempos oscuros.

Aún más importante, las personas que leen esta historia de 150 años de antigüedad todavía pueden decir que se refiere a los acontecimientos de hace casi 675 años. Es un testimonio de cuánto afectó la peste negra a las mentes colectivas de la civilización occidental.

Conclusión

Varios años antes de que la plaga llegara a las costas de Europa, hubo rumores y advertencias sobre lo devastador de la enfermedad. Antes de 1348, Europa no tenía memoria colectiva de una enfermedad que englobaba a todo el continente. Hasta entonces, las enfermedades tendían a limitarse a unas pocas regiones y se consideraban un problema que debía ser manejado por los que estaban al mando en las regiones afectadas.

La peste negra fue el primer caso de pandemia en toda Europa desde la caída del Imperio romano. Al principio se consideró un problema para Italia, pero tanto la rapidez con que mataba a los que la contraían como la rapidez con que se propagaba hicieron que pronto se convirtiera en un problema para todo el continente. A medida que la gente intentaba huir de las zonas donde la enfermedad prevalecía una vez que llegaba a una ciudad, y no se conocía la cura.

La peste negra cambió completamente la dinámica de poder en el continente. Las guerras cesaron mientras las naciones luchaban por encontrar una forma de minimizar el problema. Era un destino sombrío que nadie podía comprender.

La gente recurrió a la religión que había dictado gran parte de sus vidas hasta ese momento. Sin embargo, los clérigos estaban tan perdidos como el pueblo, y solo podían ofrecer el mismo tipo de soluciones que tenían para todo lo demás. Era un castigo de su Dios, y solo la oración y el arrepentimiento lo detendrían. Esto demostró rápidamente cuán equivocados estaban, ya que los ricos, poderosos y el clero murieron en el mismo número que los de la gente común.

Todo lo que la gente había conocido se puso en duda, pero no hubo tiempo para reflexionar realmente sobre cómo resolver las cosas porque la supervivencia se convirtió en el único desafío que tuvieron tiempo de enfrentar. Algunos se volvieron hacia sus peores impulsos, usando a la población judía como chivos expiatorios. Otros trataron de encontrar una solución que estuviera de acuerdo con su fe. Pocos países se salvaron de la enfermedad, y ninguna clase social, raza, edad o género se salvaron de sus estragos. Los escritos de dos de los más famosos autores de la Edad Media arrojan luz sobre la vida cotidiana de las personas que experimentaron la enfermedad. Hoy en día, estos trabajos todavía se estudian para comprender las dificultades que enfrentaron.

Hubo muchas consecuencias duraderas de la enfermedad, desde la escasez de gente para trabajar hasta la escasez de alimentos y de lana. A medida que la peste negra parecía desaparecer, la gente se vio obligada a lidiar con las secuelas y a tratar de reconstruir sus vidas. Las secuelas incluían algunos aspectos positivos, algunos de los cuales no se dieron cuenta hasta siglos más tarde. El lado positivo de tales nubes de tormenta monstruosas fue casi imposible de ver durante los años que rodearon los eventos. Solo a través de la distancia del tiempo podemos apreciar más plenamente cómo cambió positivamente las rígidas estructuras sociales e inspiró a la gente a pensar por sí misma. Tomaría varios siglos más para que estas lecciones y cambios se afianzaran plenamente, pero el Renacimiento es en parte el resultado de la forma en que el pensamiento comenzó a cambiar en el continente.

Sin embargo, no importa cuánto tiempo pase, este espantoso momento de la historia europea no ha desaparecido de la conciencia social. Sigue siendo un tema que es ferozmente debatido y estudiado. La peste negra nunca dejó de inspirar todo tipo de arte, ya que la gente sigue tratando de entender lo calamitoso que fue para las personas desprevenidas que la soportaron. Cuando todo terminó, la mayoría de los historiadores estiman que se llevó al menos un tercio de la población europea. Algo tan devastador seguramente dejaría una marca indeleble en la memoria de todos los descendientes de los sobrevivientes. Nuestras obras de arte de hoy prueban que aún viven en nuestras memorias, dando forma a nuestras vidas casi 700 años después.

Vea más libros escritos por Captivating History

Bibliografía

Biological Warfare at the 1346 Siege of Caffa, Wheelis, M. (2002), *Emerging Infectious Diseases*, 8(9), 971-975.

Black Death Survivors and Their Descendants Went on to Live Longer. Pappas, S., May 8, 2014, Scientific American.

Black Death: Pandemic, Medieval Europe. *Encyclopedia Britannica*

Black Death. September 17, 2010, A&E Television.

Castilian Military Reform under the Reign of Alphonso XI, Clifford J. Rogers & Kelly DeVries.

Doctors of the Black Death, October 11, Jackie Rosenhek, Doctor's Review, Parkhurst.

Francesco Petrarca, September 2004, Yale University, Beinick Rare Book & Manuscript Library

In the Wake of The Plague: The Black Death & The World It Made, Norms F, Cantor, Simon & Schuster Paperbacks, New York 2001.

King James Bible, *Genesis 3:19.*

Labour after the Black Death. Lis, C. and H. Soly, "Labour Laws in Western Europe, 13th-16th Centuries", *Working on Labor*, 2012, pp. 299-321.

Lessons from the History of Quarantine, from Plague to Influenza A, Tognotti, E. (2013). Lessons from the History of Quarantine, from Plague to Influenza A. *Emerging Infectious Diseases, 19*(2), 254-259. htttps://dx.doi.org/10.3201/eid1902.120312.

Masquerade of the Black Death, 25, 2017, Toni Mount, August, History Answers, Future Publishing Inc.

"The Masquerade of the Red Death", Poe, E. A, 1842.

Petrarch on the Plague, February 18, 2010, Decameron Web.

Plague in the United States, November 17, 2018, U.S. Department of Health & Human Services.

Plague, October 31, 2017, World Health Organization.

Plague. 2015-2019 National Geographic, LLC.

Plague. November 17, 2018, U.S. Department of Health & Human Services.

The Black Death 1348, 2001, Eye Witness to History, Ibis Communications, Inc.

The Black Death, by Charles River Editors: The History and Legacy of the Middle Ages' Deadliest Plague, Charles River Editors, November 2, 2018San Bernardino CA, USA.

The Black Death, December 11, 2008, Church Influence on Society.

The Black Death, Philip Ziegler, Harper Torchbooks Harper & Row Publishers, New York.

The Black Death: And early Public Health Measures, 1999 - 2005, Brought to Life Science Museum

The Black Death. Horrox R, ed., Manchester: Manchester University Press; 1994. p. 14-2.

The Catholic Church and the Black Death in the 14th Century, 2018, Ivy Panda, Essay Samples.

The History of Plague - Part 1. The Three Great Pandemics. John Firth, JMVH 2019.

The Medici Family. November 9, 2009, History.com.

The Poe Museum, poemuseum.org.

The Threat: Smallpox. Center for Disease Control and Prevention, December 19, 2016.

What is a Pandemic? World Health Organization, February 24, 2010.

What is The Plague? 2005-2018, WEDMLLC.

www.ingramcontent.com/pod-product-compliance
Lightning Source LLC
LaVergne TN
LVHW041644060526
838200LV00040B/1709